DIE GEHEIMNISSE DES VATIKAN

DIE GEHEIMNISSE DES VATIKAN

Enthüllungen aus der Machtzentrale der Kirche

CYRUS SHAHRAD

PREMIO

PREMIO ist ein Imprint der Arcturus Publishing Limited, London,
und der Premio Verlag GmbH, Münster

Aus dem Englischen von Helmut Roß, Essen (für Lesezeichen Verlagsdienste)
Redaktion und Satz der deutschen Ausgabe: Lesezeichen Verlagsdienste, Köln

Printed in China 2007

ISBN 978-3-86706-049-3

www.premio-verlag.de

Inhalt

Einleitung

Hoch oben auf dem Balkon der päpstlichen Gemächer ist der Papst an den meisten Sonntagen nicht mehr als ein weißer Fleck, kaum größer als die Vögel, die von der Kuppel des Petersdoms auffliegen. Dennoch finden sich auf dem Petersplatz und in der Nähe ständig Scharen von Gläubigen ein.

Dies zeugt von der subjektiv wahrgenommenen Reinheit der ältesten aller spirituellen Institutionen, der katholischen Kirche, die sich seit ihren Anfängen im Römischen Reich als verfolgte Minderheit und unter Druck sah. Dabei lud der Vatikan durch die Kreuzzüge oder die nachfolgenden Schrecken der päpstlichen Inquisition mehr Schuld auf sich als die meisten Diktatoren der Moderne.

Doch diese dunklen Seiten sind nicht nur Legenden aus vergangener Zeit. Auch im 20. Jahrhundert gab es so manches, das nicht ans Licht der Öffentlichkeit gelangen sollte. Was etwa geschah mit der Antifaschismusrede, die Papst Pius XI. 1939 nicht mehr halten konnte, weil er wenige Stunden vorher verstarb? Welche Rolle spielte sein Nachfolger Pius XII. beim Aufstieg von Nazi-Deutschland? Was widerfuhr Papst Johannes Paul I., der nach einer Amtszeit von nur 33 Tagen starb? In welcher Form war der Vatikan an jenen Ereignissen beteiligt, die 1981 zum Ritualmord an dem italienischen Bankier Roberto Calvi führten? Und warum ging der Vatikan dem rätselhaften Doppelmord von 1998 innerhalb der Schweizergarde nicht weiter nach?

Ein scharfsinniger Beobachter lernt rasch, jede „offizielle" Version mit Vorsicht zu genießen. Wer die Wahrheit sucht, muss in die weitverzweigten Korridore des Vatikans eindringen, hinter die Kulissen blicken und Berge von scheinbar belanglosen Papieren durchforsten. Wie immer nämlich setzt die Wahrheit an den unwahrscheinlichsten Orten langsam Staub an.

Wer die Wahrheit sucht, muss in die weitverzweigten Korridore des Vatikans eindringen.

Immer wieder wollen Unmengen von Menschen das Oberhaupt der katholischen Kirche sehen.

ERSTES KAPITEL
Die Geschichte des Vatikans

Kirchengeschichte ist zum Teil mit Weltgeschichte identisch. Während die weltliche Macht des Papstes heute stark eingeschränkt ist, zog man einst unter päpstlichem Banner über die Weltmeere und eroberte ganze Kontinente. Und nur wenige historische Ereignisse wurden nicht von den ambitionierten Plänen des Papsttums beeinflusst.

Wie jedes Imperium hat auch das Christenreich seine Höhen und Tiefen erlebt. Alles begann wenig aussichtsreich in Rom, wo die frühen Anhänger dieser neuen und – zumindest für die Römer – eigentümlich monotheistischen Religion als Heiden galten, die den grausamsten aller Tode verdienten, oft vor Publikum im Kolosseum. Durch den zum Christentum übergetretenen Kaiser Konstantin I. erlebte der neue Glaube einen spektakulären Zulauf. Konstantin legalisierte den christlichen Glauben und ließ die erste Peterskirche dort errichten, wo sich heute im Zentrum des Vatikans der bekannte gewaltige Kuppelbau erhebt.

Die nachfolgende Ära der Konsolidierung und Eroberung ist beispiellos. Klöster, Missionare und die Kreuzzüge verbreiteten auf unterschiedliche Art und Weise das Wort Gottes. Doch bis zum unvermeidlichen Niedergang sollten nur wenige Jahrhunderte vergehen. Die zunehmende Korruption und Politisierung des Papsttums stand zunächst der Hinwendung zu humanistischen Idealen der Renaissance entgegen. Später ließen die weltliche Kolonisation ferner Länder sowie die landwirtschaftliche und industrielle Revolution den kurzfristigen Profit attraktiver erscheinen als den späteren Lohn im Himmelreich. Und die Macht des Heiligen Stuhls begann langsam, aber stetig zu schwinden.

Trotz alledem gab es eine Konstante: die Stellung des Papstes als geistiges Oberhaupt der Kirche. Daher liefert dieses Buch nicht nur eine kurze Geschichte des Vatikans, sondern auch (ab Seite 178) eine Chronik wichtiger Ereignisse nebst einem Kurzprofil der bemerkenswertesten Päpste, beginnend mit dem hl. Petrus bis zum heutigen Papst, Benedikt XVI.

Was in den letzten 2000 Jahren von Rom aus geschah, ist nicht allein für das Christentum von Bedeutung, sondern für die gesamte Weltgeschichte.

Der Petersdom ist seit seiner Einweihung im Jahr 1626 für zahlreiche Besucher ein Quell der Inspiration.

Historische Epochen

Um zu verstehen, wie der Vatikan tatsächlich funktioniert, sollten wir uns zunächst mit der Institution Kirche und ihrer zweitausendjährigen Geschichte beschäftigen – und damit, wie sie es schaffte, die Welt von heute so umfassend zu prägen.

ANNO DOMINI 0–337:
ZUFLUCHTSSTÄTTE DER VERFOLGTEN

Während der Papst einst mit einem eindringlichen Aufruf und dem Versprechen ewigen Lebens Zehntausende von Kriegern aufzubieten vermochte, muss er sich heute eher mit einer beratenden Funktion bescheiden. Doch obwohl es um die Amtskirche nicht eben zum Besten steht, geht es ihr doch weit besser als während ihrer wenig verheißungsvollen Anfänge unter dem Römern. Die einzigen geweihten Stätten der öffentlichen Anbetung waren damals Tempel, etwa für Saturn, Merkur und Minerva. Das Christentum galt als illegaler Kult, der von den mit extremen Vorurteilen behafteten Machthabern verfolgt wurde, besonders von dem geistig instabilen Kaiser Nero.

Kaiser Nero war für seine Grausamkeiten gegenüber den Christen berüchtigt.

64 n. Chr. soll Nero, auf seiner Lyra spielend und singend, auf dem Quirinal-Hügel gesessen und auf das sechs Tage lang brennende Rom herabgeschaut haben. Dann machte er die Christen für die Feuersbrunst verantwortlich und ließ sie in großer Zahl abschlachten. Manche wurden mit Wachs übergossen und gepfählt, um auf seinen Gartenfesten als lebende Fackeln zu dienen („Nun seid ihr wahrhaft das Licht der Welt“, soll er gescherzt haben), andere nähte man in Felle ein und warf sie im Kolosseum den Löwen vor; viele mehr wurden gekreuzigt.

Einer der Gekreuzigten war der hl. Petrus. Er war zum ersten Bischof von Rom geworden (und somit zum ersten Papst), als Jesus ihn dazu bestimmte, die Apostel in seiner Abwesenheit anzuführen. (Petrus bat, mit dem Kopf nach unten gekreuzigt zu werden, da er sich für unwürdig hielt, den gleichen Tod zu sterben wie Jesus). Viele Päpste jener Tage lebten nicht lange und fanden einen alles andere als friedlichen Tod: Den hl. Klemens (Pontifikat 88–97) stieß man mit einem Anker um den Hals ins Meer, während der hl. Marcellinus (296–304) in einen Brunnen geworfen worden sein soll.

Erst als Konstantin im Jahr 306 römischer Kaiser wurde, verbesserte sich das Los der Christen. Konstantins Mutter Helena war eine einflussreiche Christin; später führte sie eine der ersten Pilgerfahrten in das Heilige Land an, um Reliquien zu bergen, darunter auch Nägel und Bruchstücke vom Kreuz Christi.

Als sich Konstantin 312 auf die Schlacht an der Milvischen Brücke vorbereitete, hatte er die Vision eines Kreuzes, sodass er das Christusmonogramm XP, auch ChiRho genannt, auf die Schilde seiner Soldaten malen ließ. Die Schlacht brachte

Kurz vor der Schlacht an der Milvischen Brücke sieht Konstantin ein Kreuz am Himmel.

ihm einen triumphalen Erfolg ein, wodurch sich die Einstellung gegenüber den Christen beinahe über Nacht veränderte. 313 erließ Konstantin das Toleranzedikt von Mailand und ließ ab 326 an der Stätte von Petrus' Märtyrertod die erste Peterskirche errichten. Als Konstantin sich 337 auf dem Totenbett taufen ließ, schickte sich die einst unterdrückte Religion an, die Welt zu erobern.

Anno Domiini 338–814: von der Konsolidierung zur Eroberung

Nachdem das Verwaltungszentrum des Römischen Reichs nach Konstantinopel (das heutige Istanbul) verlegt worden war, entstand ein Machtvakuum, das der Bischof von Rom rasch ausfüllte. Für die Kirche bedeuteten die folgenden 200 Jahre eine Periode der deutlichen Konsolidierung. Im Jahr 382 berief Papst Damasus I. den Rat von Rom ein, auf den vermutlich die Einteilung der Bibel in das Alte und Neue Testament zurückgeht.

Überall in Europa entstanden Klöster für das Studium, die Übersetzung und Vervielfältigung religiöser Texte. Und Latein, in ganz Europa die Sprache der Gebildeten,

Papst Leo III. dankt Karl dem Großen für seine Loyalität, indem er ihn am 25. Dezember 800 zum Kaiser, „der das Römische Reich regiert", krönt.

wurde in Rom zur Amtssprache (und ist es im Vatikan bis heute).

Wenn die 200 Jahre nach dem Toleranzedikt von Mailand eine Zeit der Konsolidierung päpstlichen Einflusses bedeuteten, stand die zweite Hälfte des ersten Jahrtausends ganz im Zeichen der Expansion. Bis 500 war der größte Teil des heutigen Frankreichs missioniert.

Papst Gregor I. entsandte 597 den Benediktinerabt Augustinus nach England, wo er Ethelbert, den angelsächsischen König von Kent, bekehrte, um sich danach als erster Erzbischof von Canterbury zu etablieren. 719 schickte Papst Gregor II. den in Devon geborenen Wynfrith – den späteren hl. Bonifatius – nach Deutschland, wo dieser einige Bistümer gründete und zahllose Einheimische taufte, bis er von einem wütenden Mob erschlagen wurde (angeblich versuchte er, sich mit einer Bibel vor den Schwerthieben zu schützen).

Es sollten indes noch 80 Jahre vergehen, bis das Christentum zu einer Macht wurde, die sich der Eroberung wie der freiwilligen Bekehrung gleichermaßen bediente.

Im Jahr 799 war der damalige, des Meineids, Ehebruchs und Ablasshandels beschuldigte Papst Leo III. derart unbeliebt, dass man ihn auf die Straße schleifte, verprügelte und drohte, ihm die Zunge herauszuschneiden. Darauf wurde er förmlich abgesetzt und in ein Kloster verbannt, doch er konnte entkommen und fand schließlich Zuflucht bei Karl dem Großen, der ihn zurück nach Rom geleiten ließ.

Am 25. Dezember 800 dankte Leo dem Frankenkönig für seine Loyalität, indem er ihn zum Kaiser krönte und so die mächtige karolingische Dynastie als weltlichen Arm der Kirche etablierte.

Die Karolinger verloren keine Zeit, das Christentum durch Eroberungen zu verbreiten, wobei kaum eine Region ihrer Aufmerksamkeit entging. Als Karl der Große 814 starb, hatte er ein christliches Reich mitbegründet, das sich über den größten Teil Europas erstreckte.

Nach ihren bescheidenen Anfängen stand die christliche Kirche nun kurz davor, die absolute Vormachtstellung zu erlangen, doch – wie bereits bei den Römern – war ihr das Glück nicht lange hold.

ANNO DOMINI 815–1492:
HEILIGE KRIEGE, UNHEILIGE WELT

Die Expansionsbestrebungen der arabischen Welt kannte man bereits aus den Heiligen Kriegen. Der 570 in Mekka geborene Prophet Mohammed begründete den Islam, nachdem er die ersten Visionen erlebte und jene Offenbarungen empfing, aus denen nach seinem Tod im Jahre 632 der Koran entstand. Sechs Jahre später besetzte ein Sarazenenheer im Namen Allahs Jerusalem, um danach weite Teile des Nahen Ostens zu erobern und wiederholt in Europa einzufallen.

Papst Urban II. ruft die Gläubigen zum 1. Kreuzzug, dem einzigen „erfolgreichen", auf.

Richtig ärgerlich wurden die Christen jedoch erst 1009, als islamische Truppen das Jerusalemer Pilgerhospiz plünderten und Konstantins Grabeskirche belagerten. Diese Verärgerung steigerte sich zum Zorn, als der byzantinische Kaiser Alexios I. im Jahr 1095 Gesandte nach Rom schickte, um Hilfe gegen marodierende Turkstämmige zu erbitten.

Papst Urban II., der in Frankreich eine Synode einberufen hatte, forderte die Gläubigen in einer mitreißenden Rede auf, als Diener Gottes zum Schwert zu greifen, wobei er seinen heiligen Kriegern die bedingungslose Vergebung ihrer Sünden und einen Platz im Himmel garantierte. Zehntausende folgten dem Aufruf – ebenso viele eifernde Bauern wie gut ausgebildete Ritter –, und der 1. Kreuzzug setzte sich in Marsch, um auf dem Weg nach Jerusalem, das 1099 auf brutale Art zurückerobert wurde, eine blutige Spur der Verwüstung zu hinterlassen.

Jerusalem fiel jedoch bereits 1187 erneut in muslimische Hand. In den folgenden beiden Jahrhunderten folgten weitere Kreuzzüge in das Heilige Land, alle gleichermaßen blutig, doch keiner mehr von dem Anfangserfolg gekrönt.

Vier Anführer des 1. Kreuzzugs: Gottfried von Bouillon, Raimund von Toulouse, Bohemund von Tarent und sein Neffe Tankred.

Als die Wirkungslosigkeit der Kreuzzüge im 13. Jahrhundert nur allzu deutlich wurde, beschloss das Papsttum, seinen heiligen Zorn auf die nähere Umgebung zu verlagern und Ketzer in der Heimat auszumerzen. Papst Innozenz III. rief 1209 zum Kreuzzug gegen die Albigenser auf, um die häretische Bewegung der Katharer im Süden Frankreichs zu zerschlagen. 1214 berief er das 4. Laterankonzil ein, das unter anderem von Juden und Muslimen verlangte, spezielle Abzeichen zu tragen, um sie von Christen unterscheiden zu können. Mit Papst Gregor IX. als Initiator und den Dominikanern als Ausführenden entstand 1231 die Inquisition.

Auch wenn es von außen betrachtet anders erscheinen mag, fürchtete das Papsttum bereits um seine Macht. Das mächtige Frankenreich Karls des Großen gab es nicht mehr, und jeder spätere Versuch der Koalition mit anderen Königtümern hatte die Kirche nur noch stärker politisiert und somit geschwächt. Überdies führte eine zunehmende Verderbtheit innerhalb des Papsttums unter den Gläubigen zu einer solchen Feindseligkeit, dass viele in der Pest (1347–1351) und der Eroberung Konstantinopels durch die Türken (1453) eine Strafe Gottes sahen.

In der Tat begann wohl das finsterste Kapitel der Kirchengeschichte, als der mörderische, wollüstige und höchstwahrscheinlich inzestuöse Rodrigo Borgia 1492, nicht lange nachdem die spanische Inquisition 1478 ihre 354-jährige Schreckensherrschaft angetreten hatte, als Alexander VI. Papst wurde.

Anno Domini 1493–1870: Niedergang

Als Papst Julius II. 1506 die alte Peterskirche abreißen ließ und den Grundstein für den riesigen Dom legte, der den Vatikan heute optisch beherrscht, schien dies ein Zeichen dafür zu sein, dass das Papsttum mit der Zeit ging. In Wahrheit aber konnte man mit den rasanten Veränderungen nicht Schritt halten.

Die durch Europa fegende Renaissance brachte eine Generation von Künstlern, Baumeistern und Denkern hervor, die die amtlichen, dogmatischen Behauptungen der Kirche ignorierten, um sich den humanistischen Idealen der Antike zuzuwenden und so ihren Platz in der Welt besser verstehen und ausdrücken zu können.

Ein deutscher Priester namens Martin Luther erschrak zutiefst über das Ausmaß an Verderbtheit, als er 1510 Rom besuchte. 1517 verfasste er seine zornigen 95 Thesen und schlug sie an die Pforte der Schlosskirche zu Wittenberg an. Ungewollt gab er hiermit den Anstoß für die Reformation und ebnete den Weg für den Protestantismus, der 1555 durch den Augsburger Religionsfrieden legalisiert wurde, was die Christenheit entzweite.

Die Reformation begann mit den 95 Thesen, die Martin Luther 1517 an die Pforte der Schlosskirche zu Wittenberg schlug.

Doch es kam noch schlimmer: Wissenschaftliche Fortschritte erweiterten das Wissen von der Welt, dies vor allem in protestantischen Ländern wie England, wo Isaac Newton seine Gedanken über Schwerkraft, Relativität und Spektralfarben ungehindert entwickeln konnte – Vorstellungen, die sich allesamt gar nicht gut mit der biblischen Schöpfungsgeschichte vertrugen. Die Inquisition versuchte mit verschärften Aktivitäten zu kontern, doch zu spät: Die Zeitalter der Vernunft (17. Jahrhundert) und der Aufklärung (18. Jahrhundert) brachten Denker wie Descartes, Voltaire, Hume und Locke hervor, die allesamt die autoritären Züge der Kirche verurteilten.

Zugleich sahen sich die europäischen Mächte durch die landwirtschaftliche und später die industrielle Revolution veranlasst, Fortschritt über Gehorsam in religiösen Dingen zu stellen, was das Papsttum schwächte oder zumindest vor neue Herausforderungen stellte. 1806 verzichtete Franz II. auf die römisch-deutsche Kaiserwürde; das Heilige Römische Reich war aufgelöst. Napoleon erklärte Papst Pius VII. im gleichen Jahr zu seinem Untertan.

Der Kirchenstaat, der einmal weite Gebiete Italiens umfasst hatte, ging 1860 größtenteils an den entstehenden italienischen Nationalstaat verloren. Am 29. September ergaben sich die letzten Truppen des Kirchenstaats dem sardinischen Gegner. Pius IX. blieb, unter französischem Schutz, Latium. Als die Franzosen 1870 abzogen, ging auch der Rest im Königreich Italien auf. Der Papst wurde zum „Gefangenen im Vatikan".

ANNO DOMINI 1871 BIS HEUTE: UNBEQUEME RUHE

Die Spannungen im Verhältnis zwischen Vatikan und italienischem Staat (Römische Frage) wurden erst 1929 definitiv beendet, als die von Ministerpräsident Mussolini und Kardinalstaatssekretär Pietro Gasparri unterzeichneten Lateranverträge die Grenzen des Staates Vatikanstadt garantierten und dieser kleinsten Nation der Welt absolute Souveränität verliehen. Eigentlich sollte dies eine gewisse Sicherheit bedeutet haben, doch verlässlich ist allenfalls die Notwendigkeit, immer neue Gerüchte und Skandale zu dementieren. Gewiss, es gab eine Art „päpstlicher Glasnost" – die Öffnung weiterer Türen der Vatikanischen Museen und Freigabe zahlloser, zuvor in den Geheimarchiven unter Verschluss gehaltenen Dokumente (siehe Seite 128). Insgesamt aber scheint im Vatikan eine größere Geheimniskrämerei zu herrschen als je zuvor, wie wir später noch sehen werden.

ZWEITES KAPITEL

Vatikan für Touristen

Die meisten Menschen kommen als Touristen in den Vatikan – einen Reiseführer in einer Hand, die Kamera in der anderen – und lauschen der offiziellen Audio-Tour. Viele sind fromm genug, um Papst Johannes XXIII. an seinem Grab die Ehre zu erweisen oder die Füße des auf einem hölzernen Königsthron sitzenden, bronzenen hl. Petrus zu küssen. Einige rutschen sogar noch die 28 Stufen der Scala Santa auf Knien hoch und sprechen auf jeder Stufe ein Gebet.

Nur wenige Besucher weichen jedoch von der bewährten Tour ab: interessierter Gang durch den Dom, ehrfürchtiges, oft stockendes Abarbeiten der Vatikanischen Museen und zum Abschluss vielleicht noch eine Ciabatta am Petersplatz.

Wer einen tieferen Einblick gewinnen möchte, wird im offiziellen Reiseführer kaum eines der gut gehüteten Geheimnisse des Vatikans finden. Genau diese Lücke versucht dieses Kapitel mit einer Aufzählung der interessantesten und ungewöhnlichsten Ecken und Winkel im Vatikan zu schließen.

Im Petersdom etwa hören wir von den angeblich höchst heiligen Reliquien, von der Entdeckung der Gebeine Petri unter dem Hochaltar und von einem wahnsinnigen australischen Geologen, der mit einem Hammer auf eines der wertvollsten Kunstwerke überhaupt losging. In den Museen erfahren wir von den verfluchten päpstlichen Gemächern des despotischen Papstes Alexander VI. und von der Geschichte des bizarren ägyptischen Obelisken mitten auf dem Petersplatz.

Schließlich noch beschäftigen wir uns mit der Kunstbesessenheit der Päpste und beleuchten Ungereimtheiten im Zusammenhang mit einigen Objekten der Vatikanischen Sammlungen. Und wir werden eine mutmaßliche Fälschung aufdecken, die wertvoller sein könnte als das Original.

Im offiziellen Reiseführer wird man kaum eines der schockierenden Geheimnisse des Vatikans finden.

Papst Benedikt XVI. (seit 2005) vor einer großen Schar von Gläubigen, die auf dem Petersplatz den päpstlichen Segen erwarten.

Erstaunen und Ehrfurcht

Mit dem rostbraunen Flickenteppich des Zentrums von Rom kontrastierend, verkörpert die aschgraue Peterskirche eines der wenigen Bauwerke, die sich bereits aus der Luft identifizieren lassen. Und direkt vor ihr stehend, zeigen sich die meisten Touristen angesichts der überwältigenden Fassade sprachlos – was durchaus beabsichtigt ist.

Die größte Kirche der Welt erhebt sich dort, wo Konstantin seit 326 an der historischen Stelle des Martyriums Petri eine Basilika errichten ließ, die nach 30 Jahren fertiggestellt war. Im 15. Jahrhundert erwies sich die erste Peterskirche als überaus baufällig und dringend reparaturbedürftig.

Die eigentlichen Arbeiten begannen jedoch erst in der Regierungszeit von Julius II. (1503–1513). Unter den wachsamen Augen seines obersten Baumeisters Donato Bramante (der von einigen entsetzten Traditionalisten den Spitznamen „Bramante Ruinante" erhielt) ließ er fast das gesamte Gebäude abreißen, um persönlich den Grundstein für die neue Kirche zu legen.

Nach dem Tod Bramantes 1514 zog man zur Prüfung und Überarbeitung der Baupläne diverse Baumeister und Künstler heran, darunter Raffael, Peruzzi, Michelangelo (der unter anderem die mächtige Rippenkuppel entwarf) und Carlo Maderno, dem wir die Vollendung der imposanten Fassade verdanken.

Am 18. November 1626 weihte Papst Urban VIII. die neue Kirche San Pietro in Vaticano, und Gläubige aus der ganzen Welt strömten herbei, um ihre Schönheit zu bestaunen – auch ihnen verschlug der Anblick höchstwahrscheinlich die Sprache.

Direkt vor dem Petersdom stehend, sind die meisten Touristen sprachlos – was durchaus beabsichtigt ist.

Der Entwurf der mächtigen Rippenkuppel des Petersdoms geht in weiten Teilen auf den toskanischen Bildhauer, Maler und Architekten Michelangelo Buonarotti (1475–1564) zurück.

Nahezu perfekt

Wer sich dem Petersdom nähert, kann an der mächtigen Fassade Details erkennen wie den zentralen Balkon, auf dem sich jeder neue Papst den Gläubigen zeigt und ihnen seinen ersten Segen erteilt, oder die 13 Statuen entlang der Balustrade (Jesus, Johannes der Täufer und elf der Apostel – die Petrusstatue befindet sich im Inneren).

In das Atrium gelangt man durch eine von fünf riesigen Pforten (die Bronzetafeln für die zentrale Porta di Filerete stammen von 1445), wenngleich es meist schleppend vorangeht, da die Massen der eben erst eingetretenen Touristen bass erstaunt zuerst einmal die fast überirdischen Dimensionen verkraften müssen.

Um ihnen eine gewisse Orientierung zu geben, hat man vor langer Zeit eine Reihe bronzefarbener Linien auf den Boden gemalt, um die Größe der 212 m langen Peterskirche mit der ihrer ärgsten Konkurrenten zu vergleichen – mit 158 m Länge landet die Londoner St. Paul's Cathedral auf Platz zwei.

Ebenfalls am Boden stößt man nur ein paar Schritte hinter dem Eingang auf eine 2 m große Scheibe aus dunkelrotem Porphyr, heute der einzige von sechs derartigen Steinen, die den Boden von Konstantins erster Basilika zierten. Genau auf dieser Steinplatte knieten die Herrscher zur Krönung durch den Papst, so auch Karl der Große, der am 25. Dezember 800 zum ersten Kaiser des später so genannten Heiligen Römischen Reiches gekrönt wurde.

Die Schöne und das Biest

Am 21. Mai 1972 überwand ein geistig verwirrter australischer Geologe namens Lazlo Toth die Absperrung und begann, die Pietà mit einem Hammer zu zerschmettern. Das Foto zeigt, wie man ihn vor den Augen schockierter Besucher von der Statue wegzieht.

Im Petersdom steuern die meisten Touristen schnurstracks auf Michelangelos weltberühmte Pietà zu, die rechter Hand in der Peterskapelle ausgestellt ist. Michelangelo war bereits über 70, als Papst Paul III. ihn mit den Dombauarbeiten beauftragte. Die zierliche Marmorstatue mit Jesus in den Armen Marias schuf er bereits mit 23 Jahren und hinterließ seinen Namen auf dem Brustband der Madonna, um Zweifler zum Schweigen zu bringen, die ihm aufgrund seines jugendlichen Alters ein solch ausgereiftes Werk nicht zutrauten.

Heute lässt sich seine Unterschrift nur mittels Fernglas erkennen, denn die Pietà steht hinter Panzerglas, seit ein australischer Geologe namens Lazlo Toth am 21. Mai (Pfingstsonntag) 1972 die Absperrung überwunden und, die Worte „Ich bin Jesus Christus, auferstanden von den Toten" sprechend, mit einem Hammer auf die Statue eingeschlagen hat. Bis zu seiner Festnahme gelang es ihm, Marias Arm am Ellbogen abzutrennen, ihr die Nase zu zertrümmern und ein Augenlid abzuschlagen. Später wurde er für geistesgestört und nicht verhandlungsfähig erklärt.

Toth wurde schließlich nach Australien abgeschoben und geriet in Vergessenheit, mit einer Ausnahme: Der Schriftsteller und Komiker Don Novello veröffentlichte mehrere Bücher mit satirischen Briefen unter dem Pseudonym „Lazlo Toth".

Ironie der Geschichte: Rund sechs Monate nach der Hammerattacke gab der Vatikan bekannt, dass Restauratoren in den Hautfurchen der linken Hand der Madonna ein bisher unbekanntes Monogramm entdeckt hatten: ein „M" für Michelangelo.

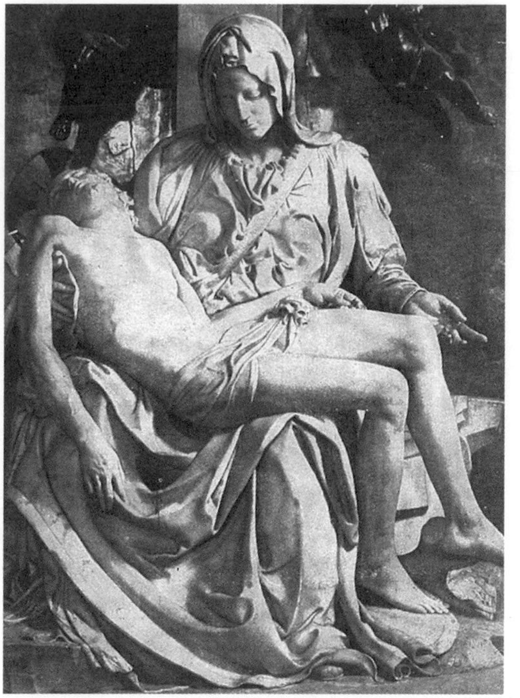

So sah die Pietà vor der Hammerattacke aus. Auffällig ist vor allem der unversehrte Arm.

Pilgerziele

Während die Touristen drängeln, um einen Blick auf die Pietà zu erhaschen, finden sich die Tiefgläubigen weiter hinten ein, um einem von zwei Monumenten die Ehre zu erweisen, sei es dem Grab von Papst Johannes XXIII., bei seinem Tod 1963 der beliebteste Pontifex der Neuzeit, oder der aus der ersten Basilika geretteten Sitzstatue des hl. Petrus, von der man gemeinhin annimmt, dass sie aus der Werkstatt Arnolfo di Cambios stammt.

Die linke Hand Petri hält die Schlüssel zum Himmelreich, während die rechte zum päpstlichen Segen erhoben ist. Die größte Aufmerksamkeit erfahren indes seine

Ein Fuß der bronzenen Petrusstatue hat unter den Händen und Lippen bußfertiger Pilger sichtlich an Substanz eingebüßt. Bis heute trifft man im Petersdom immer wieder auf lange Pilgerschlangen.

Die Petrusstatue steht nur einen Steinwurf von der historischen Stätte seines grausamen Märtyrertodes und jener Stelle entfernt, wo man seine sterblichen Überreste entdeckte.

Füße. Der rechte Fuß wurde im Lauf der Zeit so oft von frommen Pilgern geküsst, dass er sichtlich abgenutzt ist. Wie das Foto zeigt, beschränkt man sich heute auf den Handkontakt, wobei nicht klar ist, ob dies aus Rücksicht auf das Kunstwerk geschieht oder aus Furcht vor durch den Mund übertragbaren Krankheiten.

Heilige Relikte

Vom geschwärzten Schädel Johannes des Täufers in der Kirche San Silvestro bis zu den heute unter dem Hauptaltar von San Pietro in Vincoli aufbewahrten Ketten, die angeblich den Apostel Petrus in Jerusalem fesselten – Reliquien bilden das Kernstück zahlreicher römischer Kirchen, und der Petersdom bildet da keine Ausnahme.

Dieses alte Reliquiar soll Splitter vom Kreuz Christi beinhalten.

Zum Allerheiligsten gehörten einst der Kopf und ein kleiner Finger des hl. Andreas, Fragmente vom Kreuz Christi, die Konstantins Mutter, die hl. Helena, aus Jerusalem mitbrachte, das Tuch, mit dem die hl. Veronika Jesus auf dem Weg nach Golgatha den Schweiß von der Stirn wischte (und dem man später wundersame Eigenschaften zuschrieb, vom Sehendmachen der Blinden bis zur Wiedererweckung der Toten), sowie die Lanze des römischen Soldaten Longinus, mit der er in Jesu Seite stieß.

Jede der Personen ist durch eine monumentale Statue an einem der vier die Kuppel tragenden Pfeiler verewigt – Longinus etwa, wie er auf wundersame Art sein Augenlicht wiedererlangt, sowie die hl. Helena, die ein riesiges Kreuz trägt. Darunter befindet sich jeweils ein kleines Reliquiar. Doch nicht alle Reliquien blieben im Vatikan. Papst Paul VI. ließ

Das wundertätige Tuch, mit dem die hl. Veronika Jesus den Schweiß von der Stirn wischte.

Kopf und Finger des hl. Andreas 1964 ins griechische Patras, den Ort seines Kreuzestodes, zurücksenden, während man 1999 erklärte, dass die hoch oben auf dem Apennin gelegene Abtei Manoppello seit jeher im Besitz des „echten" Schweißtuchs der Veronika sei, wenngleich der Vatikan sein eigenes Exemplar aus zeremoniellem Anlass einmal jährlich präsentiert.

Die Lanze, die Longinus in die Seite des gekreuzigten Christus stieß, gilt als eine der heiligsten Reliquien überhaupt.

Auf der Suche nach Petrus

Die Stätte des Märtyrertodes des hl. Petrus zog bereits seit fast 2000 Jahren Pilger aus aller Welt an, als Papst Pius XII. 1950 in seiner Adventsbotschaft mitteilte, dass man das Grab des Apostels unter dem Hochaltar des Petersdoms entdeckt habe.

Dies war der Höhepunkt intensiver, mehr als zehnjähriger Grabungen. Die Krypta bildete seit langem die letzte Ruhestätte von Päpsten, Kaisern und frühchristlichen Würdenträgern, doch darunter wurden noch ältere Gräber vermutet. Genau diese fand man zwischen 1939 und 1949 bei Grabungen unter Leitung des Sekretärs der Kardinalskongregation, Ludwig Kaas.

Was da entdeckt wurde, übertraf selbst die höchsten Erwartungen: ein ganzes System frühchristlicher und römischer Mausoleen aus dem 2. und 3. Jahrhundert. Besonders überraschend war jedoch ein Monument aus dem Jahr 160, das offenbar das Grab Petri markierte. Tiefer

grabend, stieß man auf diverse Knochen, die sogleich an Dr. Riccardo Galeazzi-Lisi geschickt wurden, den umstrittenen Leibarzt des Papstes. Dieser erklärte vage, die Knochen seien die eines stämmigen Mannes von Ende 60, was der Papst sogleich verlauten ließ. Ein zusätzlich hinzugezogener weltlicher Experte gelangte hingegen zu einem Ergebnis, das die Hoffnungen der Kirche nun wirklich nicht erfüllte: Die vermeintlichen Gebeine des Apostels entpuppten sich als die Knochen eines jungen und eines viel älteren Mannes, einer Frau, eines Schweins, eines Huhns und eines Pferdes!

Dieser Schlag ins Wasser hatte zur Folge, dass man die Entdeckungen in der vatikanischen Nekropole verschwieg – bis Kaas keine zwei Jahre später starb. Dann nämlich stolperte ein an dem Projekt mitwirkender Schriftexperte über eine Sammlung von Knochen, die Kaas persönlich zu später Stunde aus einem zweiten Grab geborgen hatte, um sie vor den Archäologen mit ihrem nach seiner Meinung plumpen wissenschaftlichen Ansatz zu verbergen.

Als sich herausstellte, dass diese Knochen tatsächlich einem Mann in den 60ern gehörten, erklärte der neue Papst Paul VI., nun sei zweifelsfrei erwiesen, dass unter dem Hochalter der Peterskirche tatsächlich die Gebeine des hl. Petrus gefunden wurden. Über weitere Funde kann man indes nur spekulieren.

Papst Pius XII. verkündete 1950, dass man das Grab des hl. Petrus entdeckt habe.

Heilige historische Hallen

Bekanntes Highlight des Apostolischen Palastes sind die Vatikanischen Museen, doch in diesem Komplex befindet sich auch die päpstliche Residenz. Hier bietet sich dem Besucher die seltene Gelegenheit, auf den Spuren einiger Heiliger Väter zu wandeln.

Der Apostolische Palast, überlagert vom riesigen Schatten der Peterskirche.

Wer die Vatikanischen Sammlungen in der Hauptsaison besuchen will, muss sich auf stundenlanges Schlangestehen gefasst machen. Der Museumsaufenthalt wurde einmal treffend verglichen mit dem Versuch, „im Gedränge eines Rugbyspiels elegische Gedichte zu lesen".

Der große Andrang verdankt sich ebenso sehr der Qualität der Exponate wie dem Umstand, dass die Museen dem Gemeinsterblichen die einzigartige Gelegenheit bieten, in den heiligen Hallen der päpstlichen Gemächer zu wandeln. Bis zur Revolution von 1870 befand sich der weltliche Sitz der Päpste als Oberhaupt des Kirchenstaats im Quirinalpalast.

Seit 1903 leben die Päpste in einer Zehnzimmerwohnung, die traditionell vor jedem Neubezug renoviert wird. Nach Amtsantritt von Benedikt XVI. im Jahr 2005 erfolgte eine umfassende Renovierung, die nach Aussage von Handwerkern angesichts mangelhafter Elektrik, rostiger Wasserrohre, eines undichten Dachs und einer maroden Zentralheizung auch dringend notwendig war.

Ebenfalls umgestaltet wurde die päpstliche Bibliothek für die gut 20000 Bücher des neuen Papstes.

Hauch der Geschichte

Die aktuellen päpstlichen Gemächer sind selbstverständlich nicht öffentlich zugänglich, doch die Vatikanischen Museen wucherten seit ihrer Gründung rund um und bis in den Apostolischen Palast hinein, weshalb Teile des Museums immer wieder geschlossen werden, wenn sich der Papst hier aufhält.

Dafür hält nichts die Besucher ab, sich in einigen der älteren Papstgemächer umzusehen. So gehören die von Raffael reich verzierten Räume von Julius II. – die sogenannten Stanzen – zu den beliebtesten Zielen innerhalb des Museumskomplexes.

Stärker umstritten sind da schon die Gemächer des skandalösen Borgia-Papstes Alexander VI. mit Fresken von Pinturicchio, deren komplexe religiöse Bilderwelt die angeblich göttliche Herkunft der Borgia belegen soll.

Die verderbte Herrschaft Alexanders hatte einen derartigen Nachhall, dass sich sein Nachfolger Julius II. kategorisch weigerte, in die Räume „dieses Schufts" zu ziehen, und der von tiefer Spiritualität geprägte Alexander VII. ein anstößiges Fresko entfernen ließ. Kürzlich wiederentdeckt, zeigt es, wie der Papst vor der Madonna kniet, für die angeblich eine seiner Mätressen, die verheiratete Giulia Farnese, Modell gestanden haben soll. Er umfasst

darauf den Fuß eines Säuglings, der durchaus eines ihrer illegitimen Kinder darstellen könnte.

Die aktuellen päpstlichen Gemächer (hier an Ostern 2005) sind privat, während die älteren appartamenti *öffentlich zugänglich sind.*

Der Petersplatz

Die Versetzung des antiken Obelisken mitten auf den Petersplatz war eine der größten architektonischen Leistungen des 16. Jahrhunderts.

Als wichtigstes Einfallstor in den Vatikan ist der Petersplatz jener Ort, an dem im Gewirr der verzückten Gläubigen die weltweit höchste Quote an Bagatelldelikten verzeichnet wird – ungeachtet der Tatsache, dass hier (und nur hier) die Schweizergardisten durch ihre weltlichen Kollegen von der römischen Polizei unterstützt werden. Auch historische Dramen gab es mehr als genug, sei es der Mordversuch an Johannes Paul II. (1981) oder dessen improvisierter Exorzismus an einer hysterischen 19-Jährigen (2000).

Der 40 m hohe Obelisk in seiner Mitte datiert aus dem 13. vorchristlichen Jahrhundert und markierte im Rom des 1. Jahrhunderts den Mittelpunkt des Zirkus Caligulas (und später des Zirkus Neros). Seine zweite Versetzung 1586 war das ehrgeizigste Vorhaben des architektonisch wagemutigen Papstes Sixtus V. Michelangelo schlug den Auftrag aus, da er fürchtete, der Obelisk werde umfallen und zerbrechen.

Schließlich erledigte Domenico Fontana die Aufgabe mithilfe eines komplexen

Die enormen Dimensionen der über den Petersplatz blickenden Statuen von Jesus, Johannes dem Täufer und elf der Apostel lassen sich noch am ehesten aus der Vogelperspektive erahnen.

Gerüsts, Hunderter von Seilen und Dutzender gleichzeitig ziehender Teams. 1817 fügte man eine Reihe von Rundsteinen dort in das Pflaster ein, wo die Spitze des Obeliskenschattens die einzelnen Tierkreiszeichen überstreicht. Somit ist der Obelisk zugleich zentrales Element einer imposanten Sonnenuhr.

Um der Kunst willen

Die heiligen Hallen des Vatikans können mit einem stetig wachsenden Bestand an Kunstwerken und Artefakten aus aller Welt aufwarten – ein Beweis für das große Potenzial der Päpste als Sammler und Auftraggeber von Kostbarkeiten aller Art.

Die 1503 von Papst Julius II. begründeten Vatikanischen Museen wurden etwa zeitgleich mit der zweiten Peterskirche eröffnet. Damals wie heute sollten sie die angehäuften kulturellen Reichtümer einstiger und gegenwärtiger Päpste aufzeigen, die als Kunstsammler über beispiellose Möglichkeiten verfügten. Kein Künstler, der ganz bei Sinnen war, wäre so tollkühn gewesen, einen päpstlichen Auftrag auszuschlagen, zumal die vatikanischen Schatztruhen praktisch bodenlos waren.

Die Vatikanischen Sammlungen untergliedern sich in einzelne Museen wie das Museo Pio Cristiano mit altchristlichen Objekten (darunter ein Steinrelief mit dem Monogramm Christi, wie es Konstantin im Jahr 312 erschienen war) oder das im 18. Jahrhundert begonnene Museo Pio Clementino, das heute die weltgrößte Sammlung klassisch-römischer Statuen beherbergt. Daneben gibt es Abteilungen für alle Bereiche, von den alten Ägyptern und Etruskern bis in die Gegenwart, mitsamt einer moderneren Sammlung mit Werken von Picasso, Klee und Kandinsky, die anlässlich des Geburtstags des kränk-

In seiner „Schule von Athen" hat Raffael einige Zeitgenossen, etwa Leonardo da Vinci (Mitte links), als griechische Philosophen dargestellt.

lichen Paul VI. entstanden war, doch schlecht aufgenommen wurde und seither kaum beachtet wird. Die meisten Besucher steuern lieber die unglaublich reich verzierten Stanzen von Raffael an.

Auftraggeber war Papst Julius II., der den jungen Künstler mehr oder weniger entdeckte und ihm für den gesamten Trakt freie Hand ließ – mit schier überwältigendem Ergebnis. Am berühmtesten ist wohl seine „Schule von Athen" in der Stanza della Segnatura. Einige seiner Zeitgenossen treten hier als griechische Philosophen in Erscheinung: Leonardo da Vinci als Plato, Michelangelo als Heraklit und Bramante als Euklid. Nicht weniger verblüffend sind seine Darstellungen der Messe von Bolsena (mit einem frühen Schweizergardisten) und die Erscheinung des Kreuzes (dem römischen Kaiser Konstantin erscheint ein Kreuz in der die Wolken durchdringenden Oktobersonne).

Liebesmühen

Michelangelos legendäre Darstellung von der Erschaffung Adams in der Sixtinischen Kapelle.

Würde es eines Beweises dafür bedürfen, wie sehr der Vatikan in die Kunst verliebt ist und welchen unglaublichen Druck er auf die Künstler ausübte, Meisterwerke zu schaffen, dann fände man ihn in der Sixtinischen Kapelle.

Ironischerweise war Michelangelo mit der Freskomalerei kaum vertraut, als ihn Julius II. beauftragte, das Deckengewölbe zu bemalen – womöglich auf Initiative seines damaligen obersten Baumeisters Bramante, der, vom Neid getrieben, erleben wollte, wie der junge Künstler scheiterte. Bramante erbot sich gar, mit Seilen ein Gerüst an der Decke anzubringen, doch Michelangelo, der fürchtete, dass die Befestigungen sichtbare Löcher hinterlassen würden, errichtete lieber selbst ein 18 m hohes, frei stehendes Gerüst. Dort verbrachte er die folgenden viereinhalb Jahre in einem Zustand ständigen Unbehagens,

Um die gewölbte Decke der Sixtinischen Kapelle zu erreichen, errichtete Michelangelo ein 18 m hohes Gerüst.

während er eine Reihe biblischer Geschichten abarbeitete – von der Trennung des Lichts von der Finsternis bis zu Noahs Trunkenheit, mit nicht weniger als 300 Charakteren, wobei er ursprünglich nur die zwölf Apostel malen sollte. Die Bezahlung war gut, doch bei Abschluss der Arbeit stand Michelangelo kurz vor einem physischen und psychischen Zusammenbruch.

Michelangelos bedrohliche Darstellung des Jüngsten Gerichts beherrscht die Altarwand der Sixtinischen Kapelle.

Umso schwerer fiel es ihm, in die Sixtinische Kapelle zurückzukehren, als Paul III. den 60-Jährigen 1535 berief, um die Altarwand mit dem Jüngsten Gericht zu verzieren. Die Freudlosigkeit dieses Werks gilt als Spiegelbild von Michelangelos depressiver Stimmung aufgrund der jüngsten Ereignisse (vor allem des aufstrebenden Protestantismus und der verheerenden Reformation). Die Darstellung der entweder zum Himmel aufsteigenden oder zur Hölle hinabfahrenden Seelen ist drastisch bis geradewegs schauerlich, wobei sein eigenes grimmiges Gesicht zwischen den Falten eines vom hl. Bartholomäus gehaltenen Stücks menschlicher Haut hervorschaut.

Dennoch war es nicht das dargestellte Elend, sondern die allgegenwärtige Nacktheit, die seinerzeit die Zensoren auf den Plan rief. Auf Betreiben von Papst Pius IV. wurden 1556 diverse anzügliche Stellen einfach weggemeißelt und mit Feigenblättern und Lendenschurzen übermalt. (Der für diese undankbare Aufgabe ausgewählte Künstler Daniele da Volterra musste für den Rest seines Lebens den wenig schmeichelhaften Spitznamen „Il Braghettone" – der Hosenmaler – erdulden.)

Fälschungen im Vatikan

Die Herkunft der Laokoon-Gruppe bleibt weiter im Dunkeln, doch immerhin kann der Vatikan auf ein echtes Meisterwerk stolz sein.

Als eine Institution, die mit der Welt der Kunst derart eng verwoben ist, war der Vatikan auch immer wieder mit dem Thema Fälschungen konfrontiert. Meist geht es dabei um die Frage der Echtheit bestimmter Reliquien (wie viele Schädel mag Johannes der Täufer wohl hinterlassen haben?), mitunter werden aber auch profane Kunstwerke berührt, wie das kürzlich entstandene Rätselraten um die berühmte Laokoon-Gruppe zeigt.

Die Gruppe zeigt im Zentrum eine altgriechische mythische Gestalt und galt lange entweder als griechisches Original oder römische Kopie. Kürzlich indes hat die Kunsthistorikerin Lynn Catterson Indizien dafür vorgelegt, dass es sich um eine Fälschung aus dem 16. Jahrhundert handeln könnte, von niemand Geringerem als Michelangelo selbst. Ihre Theorie fußt auf einer derzeit im Oxforder Ashmolean Museum aufbewahrten Skizze Michelangelos. Sie zeigt einen mit der Skulptur nahezu identischen männlichen Rückenakt. Das Blatt trägt die Jahreszahl 1501, obwohl die Laokoon-Gruppe erst fünf Jahre später entdeckt wurde.

Die Laokoon-Gruppe – eine Fälschung aus der Hand von niemand Geringerem als Michelangelo?

Das würde auch einige offene Fragen beantworten. Gemäß Plinius dem Älteren bestand die gesamte Figurengruppe aus nur einem Stück Marmor, während das im Vatikan befindliche Exemplar aus sieben Einzelteilen zusammengesetzt ist. Das wäre auch die Erklärung für mehrere scheinbar nicht verwendete Marmorblöcke, die Michelangelo etwa in dieser Zeit erwarb, ganz zu schweigen von einigen rätselhaften Geldeingängen auf seinem Konto. Dieser historische Krimi ist noch nicht zu Ende, aber – ob nun historisch oder von Michelangelo – auf jeden Fall besitzt der Vatikan ein echtes Meisterwerk.

Ein perfektes Skandalgemälde

Nicht alle Kunstwerke des Vatikans genießen einen untadeligen Ruf, denn bei der Auftragserteilung und Vollendung gab es zu allen Zeiten so manchen Skandal. Die Päpste selbst zeichneten mitverantwortlich für den teilweisen Einsturz einer der imposantesten Ruinen Roms, denn das Kolosseum diente beim Neubau des Petersdoms als Steinbruch. Mit Billigung von Papst Urban VIII. durfte Bernini dem Pantheon seine bronzenen Balken entreißen, um sie für seinen Baldachin über dem Hochaltar einzuschmelzen.

Skandalumwittert war auch das Verhältnis zwischen manchen Künstlern, die verzweifelt um die Bewunderung (und finanzielle Unterstützung) der Päpste wetteiferten. Im 16. Jahrhundert etwa kam Giovanni Lanfranco bei der Ausführung der Deckenfresken von Sant' Andrea della Valle (nach der Peterskirche die zweithöchsten in Rom) beinahe zu Tode, weil die Arbeitsplattform angeblich von seinem Erzrivalen Domenico Zampieri manipuliert worden war.

Auch einige der Werke sind erschreckend drastisch. In Santo Stefano Rotondo gibt es Fresken aus dem 16. Jahrhundert mit Heiligen, die gefoltert, gevierteilt, lebendig gekocht und verbrannt werden. Und die Krypta (17. Jahrhundert) von Santa Maria della Concezione ist mit den zwischen 1528 und 1870 gesammelten Knochen und Schädeln von über 4000 Franziskanermönchen verziert. Warum? Laut Tafel zur Erinnerung daran, dass „du wirst sein, was wir schon sind".

Gemalte Reue

Der Vatikan hegt eine derartige Liebe zur Kunst, dass ein Mörder einmal dank eines Gemäldes der drohenden Hinrichtung zu entgehen vermochte. Nachdem er Jahre zuvor seinen Gegner in einem Tennisspiel ermordet hatte, schuf der im Exil lebende Maler Caravaggio sein düsteres, heute in der Galleria Borghese ausgestelltes „David mit dem Haupte Goliaths", das er dem Vatikan als Zeichen seiner Reue schickte, um der drohenden Todesstrafe zu entgehen (das Haupt Goliaths trug seine eigenen Gesichtszüge). Caravaggio wurde tatsächlich begnadigt, doch zu seinem Unglück wurde er auf dem Weg nach Rom versehentlich festgenommen und starb in Gefangenschaft.

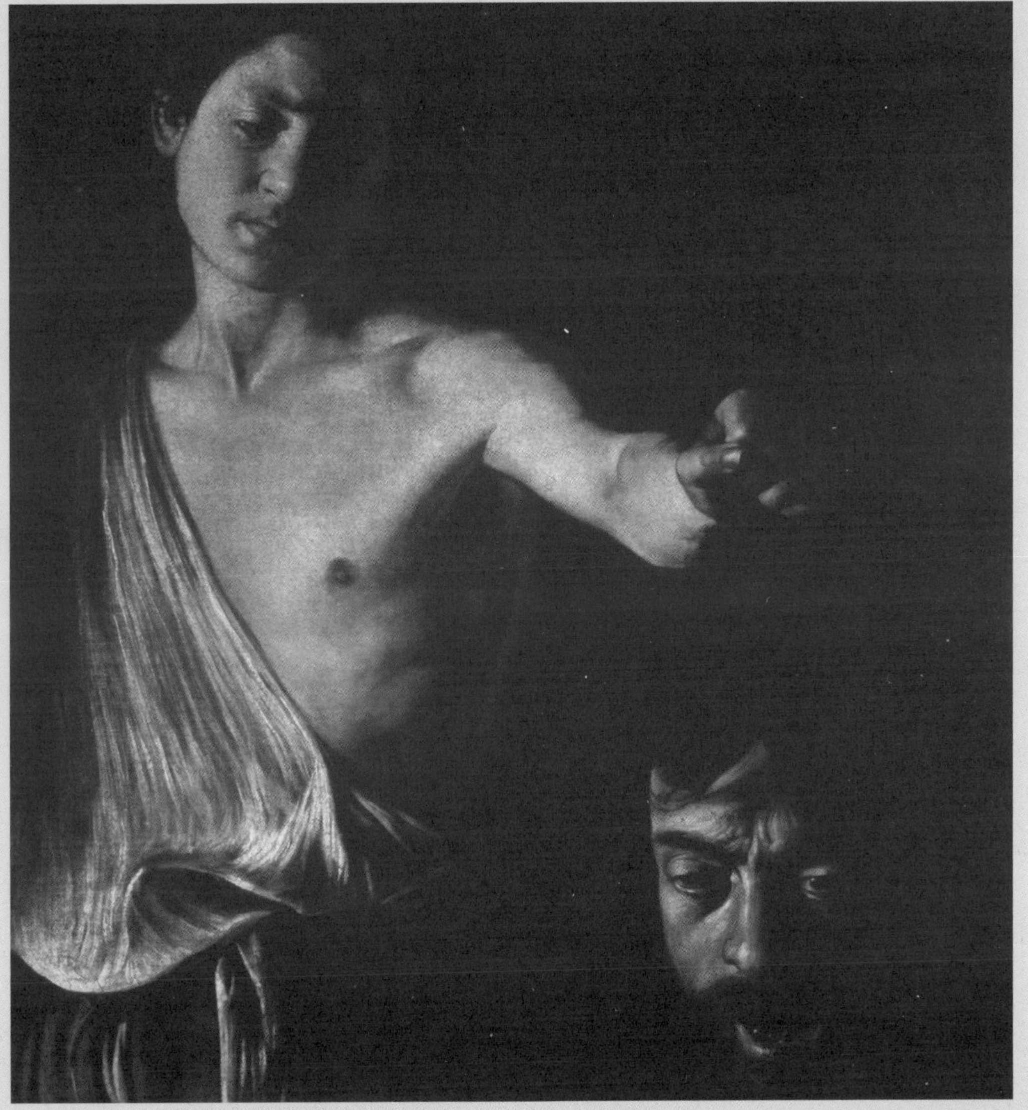

Ein Bild als Lebensretter – mit diesem Geschenk an den Vatikan konnte Caravaggio die Todesstrafe abwenden.

Auf dieser Karte sind die wichtigsten Einzelheiten der pästlichen Machtbasis eingezeichnet.

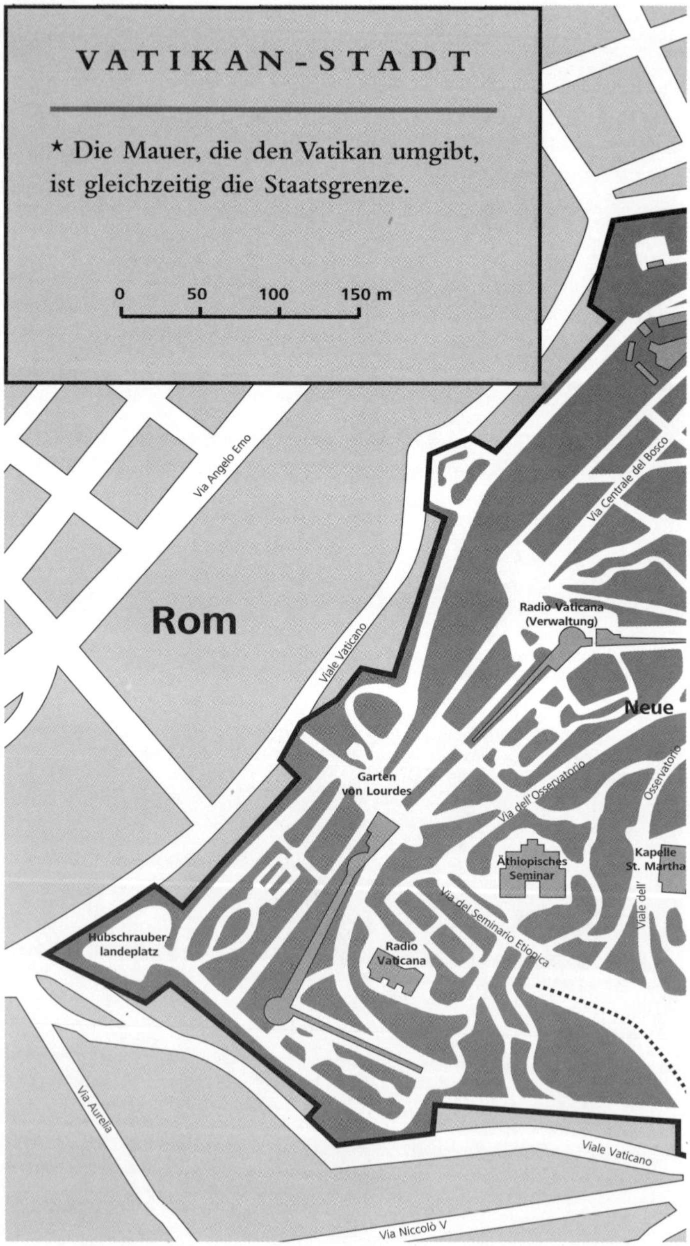

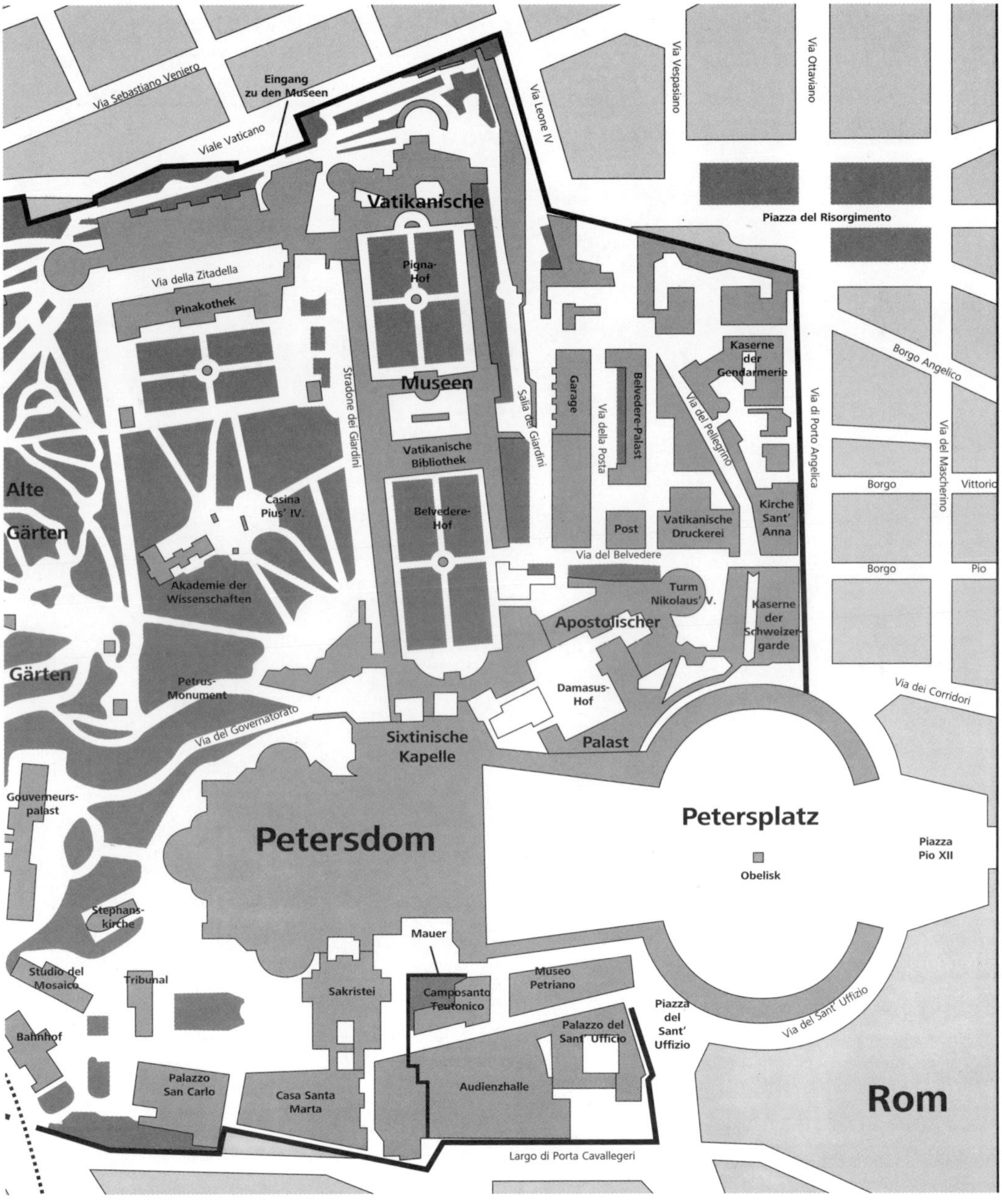
Via Sebastiano Veniero
Eingang zu den Museen
Viale Vaticano
Via Leone IV
Via Vespasiano
Via Ottaviano
Piazza del Risorgimento
Vatikanische
Pigna-Hof
Museen
Via della Zitadella
Pinakothek
Stradone dei Giardini
Salita dei Giardini
Garage
Via della Posta
Belvedere-Palast
Via del Pellegrino
Kaserne der Gendarmerie
Borgo Angelico
Via di Porto Angelica
Via del Mascherino
Borgo
Vittorio
Borgo
Pio
Vatikanische Bibliothek
Alte Gärten
Casina Pius' IV.
Belvedere-Hof
Post
Vatikanische Druckerei
Kirche Sant' Anna
Via del Belvedere
Akademie der Wissenschaften
Turm Nikolaus' V.
Apostolischer
Kaserne der Schweizergarde
Gärten
Petrus-Monument
Damasus-Hof
Via dei Corridori
Via del Governatorato
Sixtinische Kapelle
Palast
Gouverneurspalast
Petersdom
Petersplatz
Piazza Pio XII
Obelisk
Stephanskirche
Mauer
Studio del Mosaico
Tribunal
Sakristei
Camposanto Teutonico
Museo Petriano
Piazza del Sant' Uffizio
Via del Sant' Uffizio
Bahnhof
Palazzo del Sant' Ufficio
Palazzo San Carlo
Casa Santa Marta
Audienzhalle
Rom
Largo di Porta Cavallegeri

DRITTES KAPITEL

Leben im Vatikan

In diesem Kapitel wollen wir uns dem Alltagsleben an diesem überaus rätselhaften und traditionsreichen Ort zuwenden und einmal im Detail beobachten, wie alles im Schatten der Peterskirche durch das geheime Räderwerk des Papsttums geformt wird.

Am Anfang steht die historische Rolle der Päpste. Vor allem wird es darum gehen, wie drei von ihnen im 20. Jahrhundert versucht haben, die katholische Kirche zu formen: vom schulmeisterlichen Pius XII.

und seinem Nachfolger, dem beliebten Johannes XXIII., bis zum „Reisepapst" Johannes Paul II., dessen unabhängiger Geist seine Berater erzürnt, seine Bewunderer indes begeistert hat.

Danach werden wir uns mit den Besonderheiten der Staatssouveränität beschäftigen – von den weltweit einzigen Geldautomaten mit Bedienerführung in Lateinisch bis zur farbenfroh gekleideten Schweizergarde, die für die Sicherheit innerhalb des Vatikans allein verantwortlich zeichnet. Dem folgt ein seltener Blick hinter die geschlossenen Pforten der Sixtinischen Kapelle auf die altehrwürdige Zeremonie des der Papstwahl dienenden Konklaves, das verständlicherweise einem besonders strengen Schweigegelübde unterliegt.

Nicht verschwiegen werden soll überdies der schockierende Umstand der fortgesetzten Manipulation der Weltmedien, indem man abweichlerische Schriften, aber auch offizielle Berichte, die der katholischen Leitlinie widersprechen, in der Versenkung verschwinden lässt. Unsere abschließenden Betrachtungen gelten der Rolle der Frau in der männerdominierten Welt der Kirche, mit einer kurzen Betrachtung der Vita solch beachtlicher Frauen wie Mathilde, Markgräfin von Tuszien, der schwedischen Königin Christine und der legendären Päpstin Johanna.

Das Leben im Vatikan wird durch die spürbare Nähe zu Gott bestimmt. Die Religion durchdringt sämtliche Lebensbereiche, von der Politik bis zum Postsystem.

Papst und Persönlichkeit

Es dauert rund zehn Minuten, bis dem erstmaligen Rombesucher die überraschend hohe Zahl der Priester und Nonnen auffällt. Rosenkränze sind hier anscheinend ebenso verbreitet wie Armbanduhren, und weiße Kragen sind nicht seltener als Krawatten. Religion ist schließlich das Hauptgeschäft des Vatikans und ihre Aktiven sind überall. Und der Chef ist niemals weit entfernt.

Wer groß genug ist und rechtzeitig aufgestanden ist, kann durchaus dem Papst auf einem seiner gewöhnlichen Stadtbesuche über den Weg laufen. Doch man sollte sich stets vergegenwärtigen, dass er mehr ist als nur das Oberhaupt des Vatikans. Wenn der Chor im pontifikalen Hochamt „Tu es Petrus" (Du bist Petrus) singt, soll dies daran erinnern, dass er in die unmittelbare Nachfolge des ersten Bischofs von Rom, mithin des Apostels Petrus, getreten ist und somit auch in der Nachfolge Christi steht. Wie bedeutend diese Verbindung bis heute ist, zeigt sich daran, dass viele auf den päpstlichen Segen mit Wehklagen, Weinen oder Kniefällen reagieren.

Wie bedeutend die Nachfolge Christi für fromme Katholiken ist, zeigt sich daran, dass viele auf den päpstlichen Segen mit Wehklagen, Weinen oder Kniefällen reagieren.

Das Oberhaupt der katholischen Kirche kann leicht zum Gegenstand eines Personenkults werden. Formal mögen sich die Päpste gleichen wie ein Ei dem anderen, doch dahinter verbergen sich, wie bei jedem Menschen, besondere Wesenszüge und Eigenheiten. Dass dies auf die gesamte Kirche Einfluss haben kann, soll ein kurzer Blick auf drei sehr unterschiedliche Päpste des 20. Jahrhunderts zeigen.

Statue des ersten Papstes, des Apostels Petrus, an der Stätte seines Märtyrertodes.

POST
GHES

Von Pius XII. bis Johannes XXIII.

Kaum ein anderer Papst wirkte so streng und unzugänglich wie Pius XII. (1939–1958), dessen bebrilltes Habichtsgesicht mit dem kalten Blick zur Verkörperung einer extrem strengen, dogmatischen Kirche wurde. Pius nahm seine Aufgabe derart ernst, dass sich seine Untergebenen niederknien mussten, während sie mit ihm sprachen (angeblich auch beim Telefonieren), um meist knappe Anweisungen ohne die üblichen Gruß- und Abschiedsworte entgegenzunehmen. Wenn der Papst beschloss, in den Vatikanischen Gärten spazieren zu gehen, mussten die Aufseher aus seinem Blickfeld weichen. So überrascht es nicht, dass Pius XII. sich 1950 als erster Papst auf auf das Dogma der päpstlichen Unfehlbarkeit berief.

Der ernste, strenge Pius XII. war der schulmeisterlichste Papst der Neuzeit.

Wenn Pius einen strengen Lehrmeister des Heiligen Stuhls verkörperte, dann war sein Nachfolger, Johannes XXIII. (1958–1963), der liebe Onkel. Das Ausmaß seiner Leibesfülle wurde nur noch von seiner Persönlichkeit übertroffen. Umgänglich und überaus bodenständig, hatte Johannes stets eine heitere Bemerkung

Humorvoll und warmherzig, so verkörperte Johannes XXIII. gleichsam den Gegenpol zu seinem Vorgänger Pius XII.

oder eine weitschweifige Geschichte bereit, die seine Berater schier verzweifeln ließen. Während Pius XII. stets allein gespeist hatte (und gemäß der Überlieferung nur einmal einen auswärtigen Würdenträger zum Essen bat), gab Johannes seinerseits wenige Tage nach seiner Wahl bekannt, er habe in der Heiligen Schrift nicht einen Hinweis gefunden, dass ein Papst seine Mahlzeiten in frommer Abgeschiedenheit einnehmen müsse – worauf er zukünftig fast ohne Ausnahme in Gesellschaft aß.

Während sich Pius auf das 1869 im 1. Vaticanum verkündete Dogma von der Unfehlbarkeite des Papstes stützte, berief Johannes das 2. Vatikanische Konzil (1962–1965) ein, das einer enormen Liberalisierung den Weg ebnete und in den Augen progressiver Katholiken einen „neuen Frühling" einleitete. Wenn Pius die Stirn runzelte, hatte Johannes ein Lächeln parat und wurde so zum meistgeliebten Papst der Neuzeit. Bis heute bilden seine Anhänger regelmäßig bis nach draußen reichende Schlangen vor seinem Grab im Petersdom.

Der „Reisepapst“

Keiner seiner Vorgänger hat das moderne Papsttum derart geprägt wie Johannes Paul II. (1978–2005). Der gebürtige Pole war der erste nichtitalienische Pontifex seit dem 16. Jahrhundert, und er hatte sich als Dichter, Bühnenautor und Schauspieler hervorgetan, nicht zuletzt auch als passionierter Skifahrer und Fußballer – nach einhelliger Meinung war er ein hervorragender Torhüter.

Dieser weltliche Hintergrund erklärt auch seine Ungeduld gegenüber langatmigen Zeremonien. Eine seiner ersten Amtshandlungen als Papst war eine höchst unorthodoxe Pressekonferenz. Auf die Frage, ob er denn je wieder Ski fahren werde, antwortete er: „Ich glaube nicht, dass sie mich lassen“ und deutete dabei auf die Kardinäle hinter ihm.

Außerdem benutzte er die Ich-Form (das förmliche „wir“ wurde fortan sogar aus wichtigen päpstlichen Dokumenten verbannt) und ging so weit, dass er vom Verleger der offiziellen Zeitung des Vatikans verlangte, die traditionell einem wörtlichen Papstzitat vorangestellte Floskel „Nachfolgend die Ansprache Seiner Heiligkeit, wie wir sie den Worten Seiner ehrwürdigen Lippen entnommen haben“ durch ein schlichtes „der Papst sagte“ zu ersetzen.

Mit 104 Auslandsreisen war Johannes Paul II. der mobilste Papst aller Zeiten.

Die größte – negative wie positive – Wirkung erzielte Johannes Paul II. indes als „Reisepapst“. Anscheinend fühlte er sich von den Mauern des Vatikans eingeengt, denn er schlich – bisweilen inkognito – zum Leidwesen seiner Aufpasser durch die Straßen Roms, um Freunde zu besuchen oder einfach nur Stadtluft zu schnuppern. Da er seine sportliche Vergangenheit nicht aufgeben wollte, ließ er sich in der päpstlichen Sommerresidenz Castel Gandolfo einen Swimmingpool bauen. In einer italienischen Zeitschrift erschienen später Paparazzi-Fotos, die ihn in Shorts zeigten.

Seinen Spitznamen verdiente sich Johannes Paul II. mit nicht weniger als 104 Pastoralreisen, die ihn zum Teil in noch nie von einem Papst besuchte Länder führten. Seine engeren Berater wurden unruhig, da sie befürchteten, eine solch unkontrollierte Wanderlust könne gewiss nur schlimme Folgen haben. Der beinah mörderische Anschlag geschah dann allerdings ausgerechnet vor der eigenen Haustür, als der Papst im Mai 1981 zu einer sich auf dem Petersplatz versammelnden Menschenmenge sprechen wollte. Er überlebte das Attentat nicht nur, sondern sollte sein Amt noch mehr als zwei Jahrzehnte lang versehen können. Als er im Jahr 2005 verschied, lag ein 13-jähriger Kampf mit der Parkinsonschen Krankheit hinter ihm, den er, wie alles in seinem Leben, engagiert und offen geführt hatte.

Ständig in Bewegung und nur selten nicht im Rampenlicht stehend, definierte Johannes Paul II. die Rolle eines modernen Papstes neu. Sein Tod im Jahr 2005 wurde weltweit beklagt.

Pomp und Prunk

Kaum etwas ist besser geeignet, um die Persönlichkeit eines Papstes zu beurteilen, als seine Einstellung gegenüber der altehrwürdigen Krönungszeremonie. Die Amtseinführung von Papst Pius XII. im Jahr 1939 verkörperte eine der glanzvollsten Selbstinszenierungen aller Zeiten. Die sechsstündige Zeremonie, zu der zahlreiche Staatsoberhäupter und Würdenträger geladen waren, wurde erstmals gefilmt und live im Rundfunk übertragen. Ab dem Ende der 1960er-Jahre indes machte sich die durch das 2. Vatikanische Konzil von Johannes XXIII. eingeleitete Liberalisierung bemerkbar. Als der unglückselige Papst Johannes Paul I. am 26. August 1978 gekrönt werden sollte, überraschte er die Welt, indem er die gesamte Zeremonie verwarf und seine Amtszeit mit einer Freiluftmesse begann – mit einem schlichten Holzstuhl anstelle des prunkvollen Papstthrons und einer Mitra anstatt der päpstlichen Tiara.

Bei seiner Amtseinführung im Jahr 1978 entschied sich Papst Johannes Paul I. für das Pallium – ein weißes, wollenes, mit Kreuzen verziertes Schulterband – anstelle der dreifachen Krone und veränderte damit den Charakter der päpstlichen Inaugurationen nachhaltig.

Johannes Paul II. feierte seine Amtseinführung am Morgen, weil abends ein wichtiges Fußballspiel ausgestrahlt werden sollte.

Sein Nachfolger, Johannes Paul II., der sich ebenfalls für eine Zeremonie ganz ohne Pomp und Brimborium entschieden hatte, bat gar darum, sie auf den Vormittag vorzuverlegen, um terminlich nicht mit einem wichtigen Fußballspiel zu kollidieren, das am Abend vom italienischen Fernsehen übertragen wurde. Die Kurie war verständlicherweise entsetzt, doch die Italiener hätten ihm nicht dankbarer sein können.

Besonderheiten der Autonomie

Der Vatikan beansprucht, den größten aller Kirchenbauten zu besitzen, und er genießt die zweifelhafte Ehre, die weltweit kleinste unabhängige Nation darzustellen, wenngleich ihn sein winziges Territorium nicht daran hindert, bei den Römern anzuecken.

Der Staat Vatikanstadt als kleinste souveräne Nation der Welt entstand im Jahr 1929 auf Basis der Lateranverträge (siehe auch Kasten, Seite 17).

Im Norden, Westen und Süden wird die Grenze durch eine hohe Steinmauer markiert. Weniger auffällig ist jener Maschendrahtzaun, der den Petersplatz von der benachbarten Piazza Pio XII trennt. Noch weniger deutlich sind die exterritorialen Gebäude wie die Sommerresidenz Castel Gandolfo begrenzt.

Wenngleich die heutige Gesamtfläche von 0,44 km^2 nur einen winzigen Rest des vormals große Gebiete Italiens umfassenden Kirchenstaats darstellt, so achtet die Kirche doch mit dem gebotenen Ernst auf die Wahrnehmung ihrer Staatsinteressen. Dies hatte einige Absonderlichkeiten zur Folge, die den Besucher ebenso oft erstaunen und amüsieren, wie sie den weltlichen Nachbarn Rom verärgern.

Das Hauptquartier für Glaubenspolitik der Vatikanstadt, von der hohen Kuppel des Petersdoms aus gesehen.

Der Nachbar Roms

Der Vatikan besitzt ein eigenes Postamt, auf dem viele Römer ihre morgendliche Post aufgeben, weil sie von hier aus angeblich viel schneller befördert wird.

Im Juli 2005 besaßen 783 Personen – Geistliche und Verwaltungsangestellte – die vatikanische Staatsangehörigkeit mit entsprechendem Pass, der ihnen nach Beendigung ihrer Dienste meist schnurstracks wieder abgenommen wird.

Hinzu kommen eigene Münzen und Briefmarken, eine eigene Web-Domain (.va) und eine eigene Bank mit den weltweit einzigen Geldautomaten, die den Benutzer auch in Lateinisch, der Amtssprache des Vatikans, durch das Menü führen. Die wirtschaftlichen Bemühungen des Vatikans ist indes nicht gewinnorientiert, sondern fußt auf Einnahmen aus dem Tourismus (angesichts der langen Schlangen vor den Museen sind diese

Vatikanische Münzen sind beliebte Sammlerobjekte und werden mit den Konterfeis verschiedener Päpste regelmäßig neu aufgelegt.

wohl nicht gerade unbedeutend) und dem Peterspfennig, einem freiwilligen Beitrag, den im 8. Jahrhundert zuerst die Angelsachsen zahlten, doch der heute auch per Visa, Diners Club, Mastercard oder über die eigene Website entrichtet werden kann. Fortschritt ist scheinbar nicht immer verdammenswert.

Der Vatikan besitzt ein eigenes Postamt, auf dem viele Römer ihre Post aufgeben, weil sie von hier aus angeblich viel schneller befördert wird.

Wer nicht ohne seine Tagesdosis an Schlagzeilen auskommt, kann zur vatikanischen Tageszeitung *L'Osservatore Romano* greifen, der die Ereignisse in der Welt verständlicherweise aus streng katholischer Sicht beschreibt und über jede Bewegung und Äußerung des Papstes berichtet, neben weitschweifigen päpstlichen Dokumenten, gegen die die Börsennotizen der *Financial Times* ein wahrer Thriller sind. Dennoch erscheint die Zeitung in sieben Sprachen und in mehr als 130 Ländern. Radio Vatikan, im Jahr 1931 gegründet und von Papst Pius XI. eingeweiht, sendet in fast 50 Sprachen und beschäftigt mehr als 200 Korrespondenten in über 60 Ländern.

Eigene Gesetze

Nicht alle vatikanischen Eigenarten kommen beim italienischen Nachbarn gut an. Kombiniert mit der Flut an naiven Touristen, hat die mikroskopische Größe des Vatikans zur Folge, dass er die weltweit höchste Kriminalitätsrate aufweist, die die italienische um mehr als das 20fache übertrifft. Dennoch besitzt die italienische Polizei keine Befugnisse auf vatikanischem Terrain. Hier nämlich patrouillieren Mitglieder der äußerlich unverkennbaren Schweizergarde, einer päpstlichen Truppe, die seit dem 15. Jahrhundert bereit ist, ihr Leben für den Papst zu opfern.

Die Rekrutierungspolitik der Schweizergarde ist höchst unorthodox, da ihr nur männliche Schweizer zwischen 19 und 30 Jahren beitreten können, fast alle deutschsprachig (es gibt ein Gerücht, dass die französischsprachige Minderheit von den Vorgesetzten schikaniert wird) und mindestens 1,74 m groß. Jeder Schweizergardist ist per Eid verpflichtet, sich, ohne mit der Wimper zu zucken, zwischen eine dem Pontifex geltende Kugel und ihn zu stellen – was einen grundfesten katholischen Glauben voraussetzt.

Den meisten Menschen fallen beim Stichwort Schweizergarde sofort die mittelalterlichen bunten Uniformen ein, die angeblich von Michelangelo entworfen wurden, heute aber eher lächerlich wirken als Respekt einflößend.

Die Schweizergardisten sind innerhalb des Vatikans jedoch nicht als Einzige an eine oftmals unpopuläre Kleiderordnung gebunden. Im Hochsommer hat man nicht selten den Eindruck, dass ebenso viele Touristen vor der Peterskirche Schlange stehen, wie vor den Toren abgewiesen werden, mit ungläubig aufgerissenen Augen und verblüfft den Kopf schüttelnd. Einige tragen kurze Hosen oder ärmellose Shirts, und manche kommen ganz oben ohne. Alle vereint, dass sie die Verbotsschilder nicht gesehen oder beachtet haben: Knie, Schultern und Füße müssen bedeckt sein.

Auffälligstes Merkmal der Schweizergardisten sind ihre strahlend bunten Uniformen.

Aufwendig gekleidet und gleichsam zum lebenden Inventar gehörig, stellen die Schweizergardisten ihr Leben seit Jahrhunderten ganz in die Dienste des Papsttums.

Das Papamobil

Kaum eine andere Kuriosität des Vatikans besitzt eine derartige Symbolkraft wie das Papamobil. Die Gründe liegen auf der Hand: Die moderne Sicherheit eines Panzerwagens kombinierend mit dem Schneckentempo einer Bierkutsche, dient dieses in aller Welt bekannte päpstliche Transportmittel

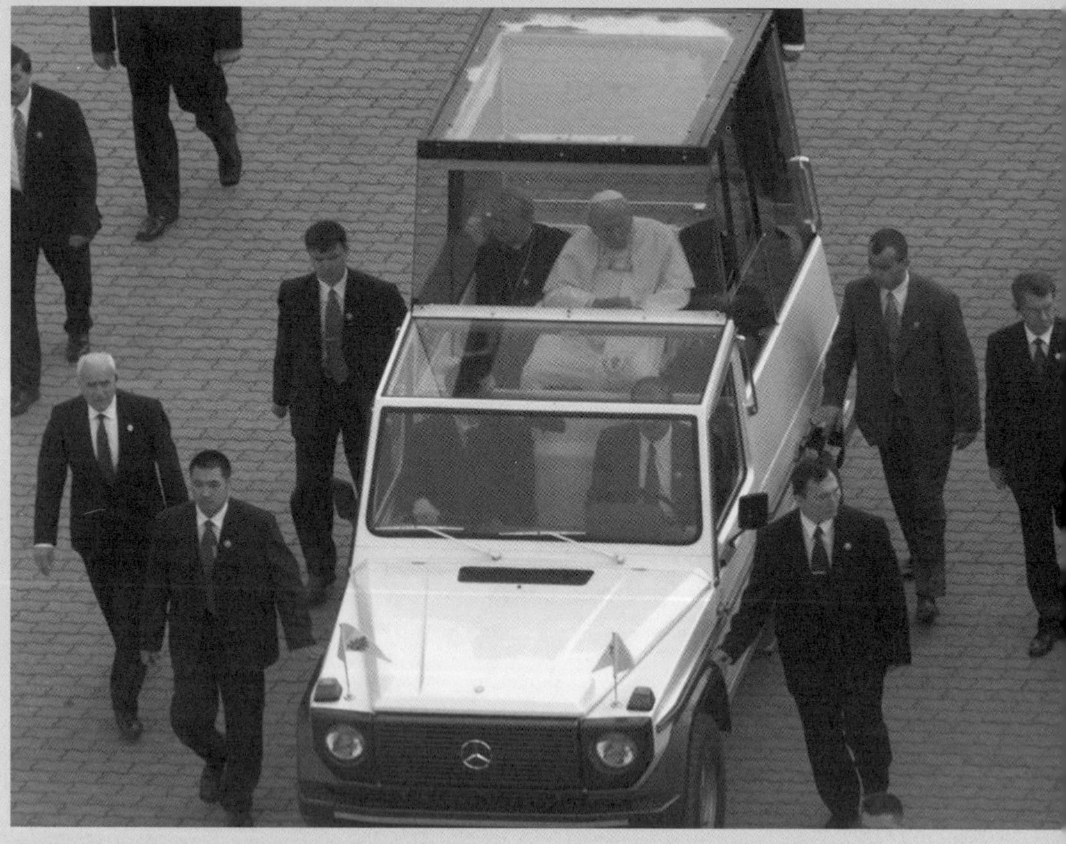

Flankiert von Sicherheitsbeamten, begrüßt Papst Johannes Paul II. die wartende Menge aus seinem kugelsicheren Papamobil heraus.

dem Pontifex seit Jahrzehnten dazu, gewaltige Menschenmengen sicher zu passieren, ohne selbst auch nur einen Schritt zu tun.

Verschiedene Firmen haben bisher Papamobile werbewirksam als Einzelstücke aus Anlass einer Papstvisite produziert. Für den historischen Besuch Johannes Pauls II. in seiner polnischen Heimat wartete der kleine polnische Nutzfahrzeughersteller Star mit einem wenig ausgefeilten Papamobil auf (Höchstgeschwindigkeit: 10 km/h), während das bei seinem Großbritannienbesuch verwendete Fahrzeug von Land Rover stammte.

Nachdem Johannes Paul II. 1981 von vier Schüssen getroffen worden war, während man ihn um den Petersplatz fuhr, wurden die Papamobile mit kugelsicheren Scheiben und auch Bomben standhaltender Technik ausgestattet. Mehrere renommierte Firmen lieferten sich einen Konkurrenzkampf, die päpstliche Karosse bauen zu dürfen. Das aktuelle Modell ist ein umgebauter Mercedes ML mit zahlreichen Extras, doch sollen Audi und BMW Angebote unterbreitet haben.

Papstwahl hautnah

Nach dem Tod oder der Abdankung eines Papstes kommen die Mitglieder des Kardinalskollegiums aus der ganzen Welt in der Sixtinischen Kapelle zusammen, um hinter verschlossenen und verriegelten Türen mit der feierlichen Papstwahl, dem Konklave, zu beginnen.

Dieses heikelste und geheimnisvollste aller vatikanischen Rituale ist ironischerweise zugleich das am besten bekannte. Sein Ablauf hat sich in den vergangenen 1000 Jahren kaum geändert, abgesehen von einigen durch die technische Entwicklung bedingten Anpassungen wie der sorgfältigen Durchsuchung der Sixtinischen Kapelle nach Abhörwanzen.

Zunächst muss der Tod des Papstes durch den Kardinalkämmerer bestätigt werden, der den bürgerlichen Namen des Papstes, also nicht dessen angenommenen Papstnamen, dreimal ausruft. Wenn eine Antwort ausbleibt, nimmt er den Fischerring des verstorbenen Papstes an sich (einen goldenen Ring mit Petrusbild, das vom Namen des Pontifex umgeben ist), der ebenso wie das päpstliche Siegel später vor den Augen der Kardinäle zerbrochen wird. Mit dieser Praxis wollte man einst Betrügereien verhindern, heute indes ist sie rein symbolischer Natur. In den folgenden sechs Tagen können Trauernde in den Vatikan kommen, um dem toten Papst die letzte Ehre zu erweisen. Darauf folgt das Begräbnis und eine neuntägige Trauerphase.

Der Ablauf der Papstwahl hat sich in den letzten 1000 Jahren kaum geändert.

Das spätestens 20 Tage nach dem Tod des Papstes beginnende Konklave wird mit einer Eucharistiefeier im Petersdom eingeleitet. Das *Veni creator spiritus* singend, begeben sich die Kardinäle danach in die Sixtinische Kapelle.

Der Zeremonienmeister verliest das Schweigegelübde, das die Kardinäle nacheinander ablegen, bevor sämtliche entbehrlichen Personen zum Verlassen des Raums aufgefordert und die Türen verschlossen werden. Jeder Kardinal darf sich

Der Tod eines Papstes markiert das Ende einer Ära und kündigt den Beginn einer der ältesten und geheimnisumwobensten Zeremonien überhaupt an.

von zwei Hilfspersonen begleiten lassen (bei Krankheit von drei Personen), während sich einige Priester (für die Beichte) sowie Ärzte und Bedienstete (für die Mahlzeiten) bereithalten. Ansonsten ist jeder Kontakt mit der Außenwelt untersagt.

Wahlgänge

Am Nachmittag des ersten Tages wird ein Wahlgang abgehalten. An den folgenden Tagen finden je zwei Wahlgänge am Morgen und zwei am Nachmittag statt. Jeweils nach sieben ergebnislosen Wahlgängen erfolgen Gebete und Ansprachen durch zunehmend höherrangige Personen. Alle mahnen sie zum Konsens und betonen die Notwendigkeit, die Periode der Papstlosigkeit (Sedisvakanz) zu beenden. Falls kein Kandidat nach dreißig Wahlgängen zwei Drittel der Stimmen auf sich vereinigen kann, genügt auch die absolute Mehrheit.

Der eigentliche Wahlgang verläuft immer gleich: Die Kardinäle erhalten Papierstreifen mit der Aufschrift „Eligo in Summum Pontificem …" (Ich wähle zum Höchsten

Rauchsignale

Wenn bei einer Abstimmung keine Mehrheit erzielt wurde, werden die Stimmzettel zusammen mit einer Chemikalie in einem speziell hierfür vorgesehenen Ofen verbrannt, sodass schwarzer Rauch aus dem Kamin austritt (das früher verwendete feuchte Stroh erwies sich farbtechnisch als unzuverlässig). Bei erfolgreichem Ausgang werden allein die Stimmzettel verbrannt, begleitet von Glockenläuten für den Fall, dass der Rauch nicht eindeutig weiß ist.

Nach der Wahl Papst Benedikts XVI. im Jahr 2005 verzögerte sich das Läuten um zehn Minuten. Manche spekulierten, dies sei dadurch bedingt, dass man zunächst die Automatik für das Stundengeläut ausschalten musste (es war kurz vor 18 Uhr) oder dass es der Verantwortliche in der Aufregung schlicht vergessen hat. Bei einem anderen Konklave füllte sich die Sixtinische Kapelle mit beißendem Rauch, weil beim Verbrennen der Stimmzettel etwas schief gegangen war – ein weiterer Beweis dafür, dass auch eine solch altehrwürdige Zeremonie vor Pannen und Irrtümern nicht sicher ist.

Pontifex ...). Die Kardinäle bringen ihren Stimmzettel zu einem Wahlhelfer, der die Wahlzettel vor dem Auswerten gut mischt. Sofern die Zahl der Stimmzettel mit der Anzahl der anwesenden Kardinäle übereinstimmt, werden die Namen laut verlesen und notiert, um anschließend von drei Revisoren geprüft zu werden. Konnte man sich auf einen Kandidaten einigen, wird dieser gefragt, ob er die Wahl annimmt. Danach wird er nach dem Namen gefragt, den er sich für den Fall seiner Wahl ausgesucht hat. Weißer Rauch steigt aus dem Kamin der Sixtina auf, der neugewählte Papst wird in eine weiße Soutane gekleidet und wird den Gläubigen vorgestellt mit den Worten: „Annuntio vobis gaudium magnum, habemus Papam!" (Ich verkünde Euch/Ihnen eine große Freude: Wir haben einen Papst.)

Wenn weißer Rauch aus dem Schornstein der Sixitinischen Kapelle austritt und die Glocken läuten, haben die versammelten Kardinäle einen neuen Papst gewählt.

Anfänge des Konklaves

Das erste Konklave fand im Papstpalast von Viterbo statt. Um die Papstwahl zu beschleunigen, ging man 1270 sogar so weit, das Dach zu entfernen.

Um der zunehmenden Politisierung der Papstwahl durch Einmischung der europäischen Königshäuser zu begegnen, legte Papst Nikolaus II. im Jahr 1059 fest, dass fortan allein die Kardinäle für die Auswahl des Papstanwärters verantwortlich sein sollten und dieser dann von den Geistlichen und Laien zu bestätigen sei. Die Notwendigkeit der Zustimmung wurde 1139 vom 2. Laterankonzil aufgehoben, um das Verfahren nochmals zu straffen.

Während des fast drei Jahre währenden Konklaves zur Bestimmung eines Nachfolgers von Papst Klemens IV. erhielten die Kardinäle zuletzt nur Wasser und Brot.

Bis zur erzwungenen Abschottung der Kardinäle und der Entstehung des Begriffs „Konklave" (lat. *con clave,* mit dem Schlüssel) sollte indes noch ein Jahrhundert vergehen. Als die Kardinäle nach dem Tod von Klemens IV. im Jahr 1268 auch nach zwei Jahren und neun Tagen noch keinen Nachfolger gefunden hatten, führte man sie in den Papstpalast von Viterbo und verriegelte die Pforten. Da die Entscheidung immer noch auf sich warten ließ, erhielten sie nur noch Wasser und Brot. Als auch das nicht fruchtete, begannen die Einwohner, ihnen das Dach über dem Kopf zu entfernen – ein Akt der Verzweiflung, der indes sehr schnell die Wahl von Papst Gregor X. zur Folge hatte, womit eine fast dreijährige Sedisvakanz beendet war.

Vatikan contra Medien

Zensurvorwürfe gegenüber dem Vatikan sind oft besonders heftig, wenn es um seine Einstellung zur Pressefreiheit geht, die manchen bis heute so streng erscheint wie in einer paranoiden Diktatur.

Über 1500 Menschen starben, als der Hurrikan Katrina im August 2005 New Orleans heimsuchte. Neun Monate zuvor hatte der über Südostasien hinwegfegende Tsunami fast 200 000 Menschenleben gefordert.

Und doch war es der Tod einer einzelnen Person am 2. April 2005, der in ganz Europa mehr Schlagzeilen machte als die Opfer dieser beiden Naturkatastrophen. Fast überall stand nahezu die gleiche Geschichte zu lesen. Demnach sprach der Papst seine letzten Worte in seiner polnischen Muttersprache: „Lasst mich ins Haus des Vaters gehen." Einige enge Vertraute seien zugegen gewesen, außerdem einige polnische Ordensschwestern.

Was innerhalb der vatikanischen Mauern geschieht, soll nicht nach außen dringen ...

Die Messe an seinem Bett sei eben zu Ende gegangen, als er entschlief. Unter den rund 6000 Journalisten, die solche Details schildern würden, gab es jedoch nur einen, der behaupten konnte, beim Tod von Papst Johannes Paul II. wirklich zugegen gewesen zu sein.

Sein Name ist Dr. Joaquin Navarro-Valls, ein distinguierter Wissenschaftler, Linguist und hochrangiges Mitglied des Opus Dei. Von 1984 bis 2006 war er zudem Direktor des Vatikanischen Pressebüros. In dieser Funktion verkörperte er mehr als nur das offizielle Sprachrohr des Papstes, sondern entschied darüber, welche Seite des Papsttums die Öffentlichkeit zu sehen bekam.

Bei seinen offiziellen Verlautbarungen gab es kein Vertun. Was innerhalb der vatikanischen Mauern geschah, sollte nicht nach außen dringen, wobei neugierige Journalisten ebenso unwillkommen waren wie die römische Polizei.

Bis 2006 war Dr. Joaquin Navarro-Valls der höchst einflussreiche und oft umstrittene Direktor des Vatikanischen Pressebüros.

Medien als Teufelswerk

Dass sich der Vatikan kategorisch weigert, mit den Medien zusammenzuarbeiten, ist nichts Neues. Bereits 1832 verurteilte der ultrakonservative Papst Gregor XVI. die Gewissensfreiheit in seiner päpstlichen Enzyklika *Mirari Vos – Über den Liberalismus und religiösen Indifferentismus* als „törichte und falsche Ansicht". Sein Nachfolger Pius IX. betrachtete die Pressefreiheit gar als „wesenhaft übel", was ihn zweifellos dazu ermutigte, 1869 das 1. Vatikanische Konzil einzuberufen und den Begriff der päpstlichen Unfehlbarkeit zu etablieren. Im Jahr darauf schrieb die Zeitung *Unità Cattolica* in einem beipflichtenden Leitartikel: „Der unfehlbare Papst muss den vorherrschenden Missbräuchen ungezügelter Pressefreiheit wirksam begegnen ... Der Papst kann jeden Tag lehren, verurteilen und das Dogma festlegen, ohne

Papst Pius IX. bezeichnete die Pressefreiheit als „wesenhaft übel".

dass es den Katholiken je erlaubt wäre, seine Entscheidungen infrage zu stellen."

Wer indes Fragen aufwarf, sah sich bald mit der vollen Wucht kirchlichen Zorns konfrontiert. In einem Interview für die Zeitschrift *America* skizzierte der Jesuit Charles Mullaly 1928 nicht ohne Stolz die katholischen Methoden der Einschüchterung und Unterdrückung der Presse.

Als Beispiel nannte er den rätselhaften Tod eines jungen Mädchens in einem Washingtoner Heim der Guten Hirtinnen, worauf in einer Lokalzeitung zahlreiche Briefe besorgter Eltern erschienen waren, die eine sofortige neutrale Untersuchung forderten. Anstatt durch eine Verteidigung der Schwestern die Kontroverse nur noch weiter anzuheizen, rief die Catholic Society zu einem Boykott der Zeitung auf und überredete die frommen Kaufleute und Anzeigenkunden, mit der Beendigung des Vertragsverhältnisses zu drohen, falls man sich nicht sofort umbesinnen würde.

In nur zwei Wochen ging die Auflage um 40 Prozent zurück, und das Thema wurde bald aufgegeben. Erreicht wurde dies ohne ein einziges Memorandum und ohne langwierige Sitzungen. Man brauchte nur einen imposanten Namen („The Washington Truth Society") und Briefkopf plus einige Mitglieder mit guten Verbindungen, um die vielen einflussreichen Katholiken in der ganzen Stadt zu mobilisieren. „In jeder Stadt der USA", so Mullaly, „könnten ein emsiger Priester plus zwei, drei aktive Laien und ein Rechtsberater eine Truth Society gründen, um jegliche Bigotterie in den Lokalblättern zu zerschmettern."

Die Medien leben seit Jahrzehnten in der Furcht, den heiligen Zorn der Kurie auf sich zu ziehen.

Unangenehme Wahrheiten

Die Medienmanipulation des Vatikans beschränkt sich nicht nur auf lokale Zeitungen. Seit Pius XI. 1930 in seiner Enzyklika *Casti Connubii – Über die christliche Ehe* Empfängnisverhütung als „naturwidrig" geißelte, sind die streng katholischen Ansichten über die Familienplanung hinreichend bekannt. Doch erst am 20. November 1975, fast drei Jahre nachdem die Abtreibung in den USA legalisiert worden war, stellte die Kirche einen entsprechenden Pastoralplan auf und begann in den USA sofort mit intensiver Lobbyarbeit im Kapitol.

Sechs Tage später erhielt Präsident Ford ein *National Security Memorandum* (NSSM 200), das auf die schrecklichen Folgen internationaler Überbevölkerung aufmerksam machte. Empfohlen wurde etwa eine von den USA angeführte weltweite Kampagne, um für Kleinfamilien zu werben und die Verfügbarkeit von Abtreibungsmöglichkeiten und Verhütungsmitteln zu verbessern – mit dem Ziel, eine „akute Gefahr höchsten Ausmaßes" zu verhindern. Obwohl es sich höchstwahrscheinlich um die wichtigste je unternommene demografische Studie handelte, landete sie auf Druck katholischer Insider (und wegen Fords Bestreben, die katholischen Wähler nicht zu vergraulen) sogleich in der Schublade. Als der Bericht 1989 endlich veröffentlicht wurde, hatte das schwer kontrollierbare Wachstum der Weltbevölkerung noch weiter zugenommen. Der Medienapparat des Vatikans operiert scheinbar auf zwei Ebenen. Das

Beispiel Navarro-Valls zeigt, dass man mit einer offiziellen Version gegen einen Skandal wie den Doppelmord von 1998 innerhalb der Schweizergarde antreten oder aber eine Träne vergießen kann, um zu bekunden, wie bewegend es war, am Totenbett von Johannes Paul II. zu stehen. Vatikanische Interna sollen auch vatikanintern bleiben – doch das ist nicht alles. Wie das Verschwinden des NSSM-Berichts zeigt, reicht der Einfluss des Vatikans nicht selten bis in die Weltpolitik hinein und verändert immer wieder das Leben von Millionen Menschen.

Der Vatikan ist nicht zuletzt auch eine politische Größe, deren Einfluss regelmäßig bis in die internationale Politik reicht.

Insidergeschäfte

Wenngleich das Vatikanische Pressebüro nach wie vor nicht unbedingt die zuverlässigste Quelle darstellt, haben sich die Dinge seit dem 2. Vatikanischen Konzil (1962–1965) doch stark verbessert. In seinem Buch „Anatomy of the Vatican" erinnert sich Paul Hoffman an seine Zeit als Vatikan-Korrespondent der *New York Times*, als er und seine Kollegen unzuverlässigen Insidern Informationen abkaufen mussten.

Einer davon war Riccardo Galeazzi-Lisi, schillernde Persönlichkeit und Leibarzt von Pius XII. Ein weiterer war Emilio Pucci, ehedem Kardinalstaatssekretär, der über wichtige interne Ereignisse wiederholt gegen klingende Münze maschinengeschriebene Bulletins aus der Hand gab (und jene, die noch ein wenig drauflegten, persönlich anrief).

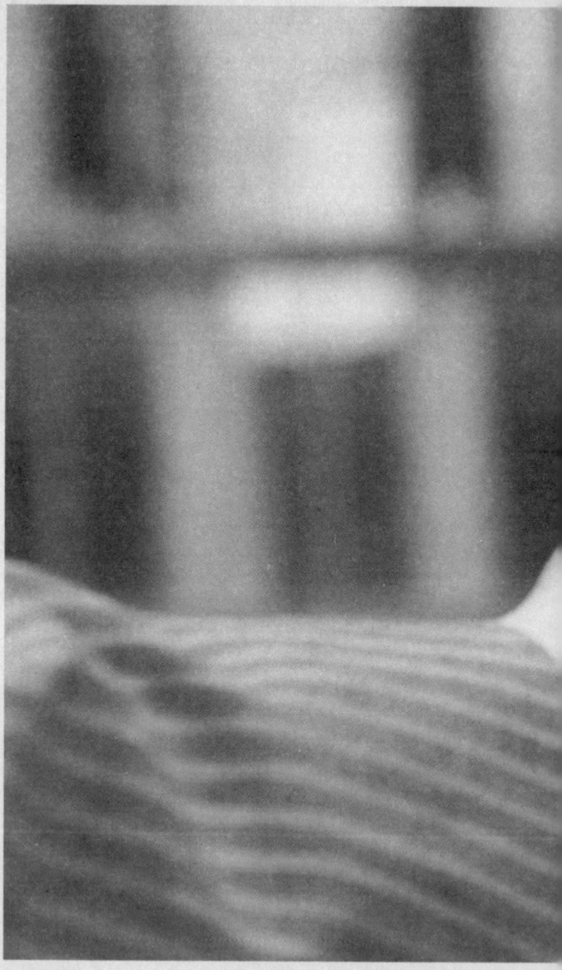

Puccis Berichte strotzten vor Lücken und Übersetzungsfehlern. Hoffman erinnert sich, wie er einmal aufgeregt der Meldung nachging, wonach der Erzbischof von New York eine Pastoralreise in den Mittleren Osten unternahm – nur um herauszufinden, dass er den Mittleren Westen der USA ansteuerte. Später verdächtigte man

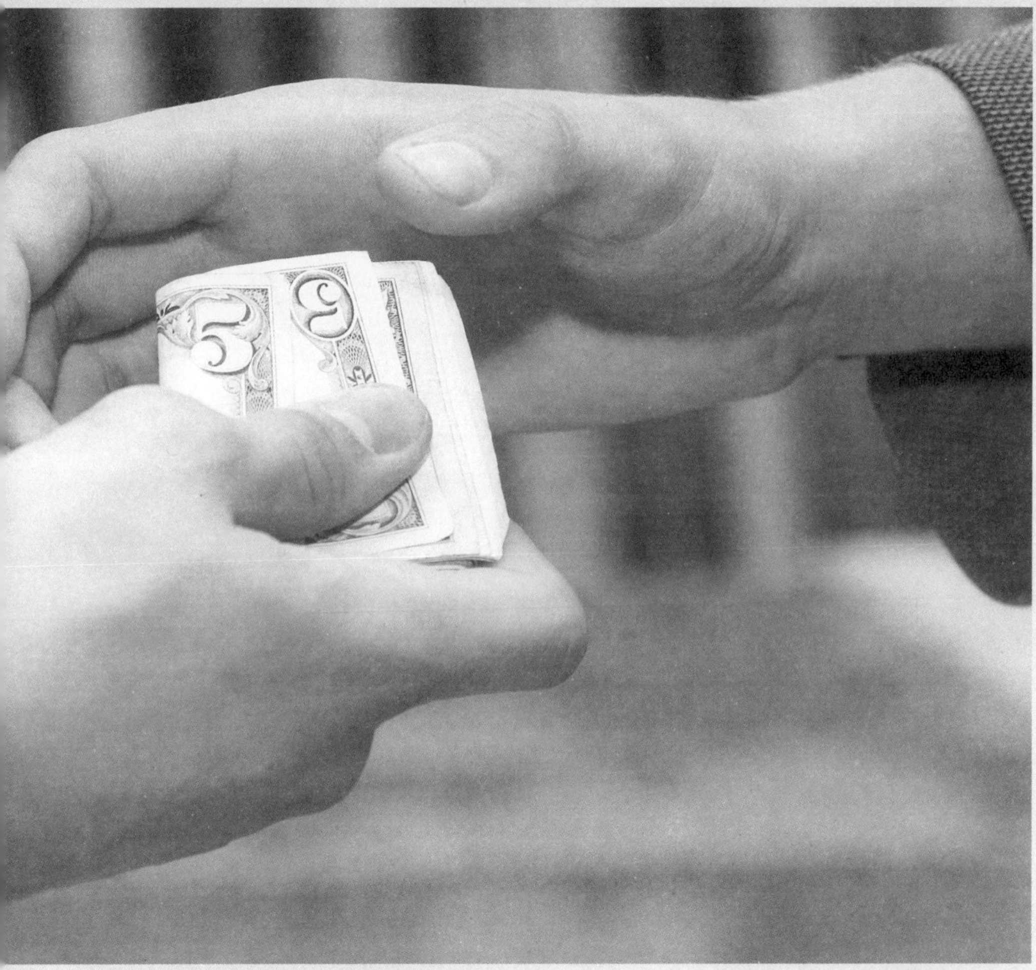

Pucci, er sei Informant von Mussolinis Geheimpolizei OVRA gewesen, doch Hoffman ist überzeugt, dass man dort auch nur seine üblichen Bulletins erhielt.

Wer über den notorisch verschwiegenen Vatikan recherchiert, ist nicht selten gezwungen, Informationen zu kaufen.

Männerdomäne

Angesichts des schon in der Bibel anklingenden Misstrauens gegenüber der weiblichen Schliche und der in der kirchlichen Praxis tief verwurzelten Überzeugung von der Überlegenheit des Mannes ist es schon ein Wunder, dass überhaupt eine Handvoll Frauen in die Geschichte des Vatikans eingegangen ist.

Als das vatikanische *Schreiben an die Bischöfe der katholischen Kirche über die Zusammenarbeit von Mann und Frau* 2004 veröffentlicht wurde, brachte es das Blut der Frauenrechtlerinnen zum Kochen. Die Schrift betonte, die Mutterschaft sei von zentraler Bedeutung für die weibliche Identität, und kritisierte nachdrücklich die Gleichstellung von Homosexualität und Heterosexualität.

Autor dieser umstrittenen Behauptungen war niemand anderes als Joseph Kardinal Ratzinger, der im Jahr darauf Johannes Paul II. als Papst Benedikt XVI. nachfolgte.

Die wenigen Frauen, die die Geschichte des Vatikans mitgeprägt haben, sollen ins Reich der Legende verwiesen werden.

Angesichts ihrer Randstellung innerhalb der Kirche ist es kaum verwunderlich, dass man jene wenigen Frauen, die die Geschichte des Vatikans mitgeprägt haben, ins Reich der Legende verweisen möchte. Grund für die vorgebliche Fragwürdigkeit der Frauen ist genau jene „weibliche Schliche", die der Kirche stets verdächtig erschienen war. Man denke nur an die zahlreichen Mätressen und Prostituierten von Papst Alexander VI. oder an Donna Olimpia Maidalchini-Pamphili, die ihren Einfluss als Schwägerin von Papst Innozenz X. nutzte (und ihren Sohn zum Kardinal ernennen ließ), bevor sie den leidgeprüften Papst 1655 auf dem Totenbett zurückließ und sich weigerte, für sein Begräbnis aufzukommen.

Jungfräulich und fromm ergeben, so ist die Nonne seit jeher Ausdruck der vatikanischen Sicht von der Stellung der Frau in der Gesellschaft.

Töchter Christi

Nicht alle Frauennamen stehen auf einer imaginären schwarzen Liste des Vatikans. Vielmehr gibt es zahlreiche Frauen, die für ihre Spiritualität und Hingabe an die Kirche berühmt sind, an der sich die meisten Päpste ein Beispiel hätten nehmen können. Dies gilt etwa für Mathilde, Markgräfin von Tuszien, die im 11. Jahrhundert während des Investiturstreits auf der Seite von Papst Gregor VII. stand und als erste Frau im Vatikan bestattet wurde. Oder für die asketische hl. Katharina von Siena, der 1377 etwas gelang, was kein noch so kluger Staatsmann geschafft hatte: Sie überredete Papst Gregor XI., von Avignon nach Rom zurückzukehren, wo sie den Rest ihres Lebens am Hof seines Nachfolgers, Papst Urban VI., verbrachte.

Noch nie zuvor haben Heiligkeit und Sündhaftigkeit derart passende Bettgefährten dargestellt wie in Berninis Skulptur von 1652.

Christine, Königin von Schweden, dankte 1654 ab, um ihren katholischen Glauben fortan offen zu praktizieren. Unter ihrem neuen Namen Maria Christina Alexandra zog sie nach Rom. Ruhm und Reichtum bescherten ihr eine zentrale gesellschaftliche Stellung, wenngleich sie Papst Alexander VII. erzürnte, weil sie viele der weniger geselligen Vorschriften ihrer Religion missachtete. Ihre umfassende Bibliothek vermachte sie der Kurie. Und ihr wurde die seltene Ehre zuteil, dass man sie in der Krypta des Petersdoms bestattete.

Und außerdem gab es vielleicht nur eine Frau, die zugleich durch ihre fromme Spiritualität und implizite Sexualität zur Legende wurde – und überhaupt keine Frau aus Fleisch und Blut war. Die scheinbar orgastische Euphorie in Berninis Skulptur *Die Verzückung der hl. Teresa von Avila* (Santa Maria della Vittoria, Rom) basiert auf dem Leben einer Nonne. Sie beschrieb, wie sie einem schönen Engel mit langer, feuriger Lanze begegnete, der „sie, wie mir schien, immer wieder in mein Herz stieß und bis in meine Eingeweide vordrang". Noch nie zuvor haben Heiligkeit und Sündhaftigkeit derart passende Bettgefährten abgegeben.

In seiner Skulptur Die Verzückung der hl. Teresa von Avila *vereint Bernini Heiliges und scheinbar Sündhaftes zu einem mehrdeutigen Porträt einer Frau in Ekstase.*

Ein unaussprechlicher Name

Nur wenige real existierende historische Figuren haben die Kirche derart in den Grundfesten erschüttert wie die legendäre Päpstin Johanna. Obwohl man sich heute weitgehend einig ist, dass es sie nie gegeben hat, geistert sie bis heute als Schreckgespenst durch den Vatikan.

Die populärste Fassung ihrer Geschichte wurde im 13. Jahrhundert von dem vatikanischen Kaplan Martin (von) Troppau niedergeschrieben. Demnach war Johanna in Wahrheit eine englische Lady, die in Männerkleidung unter dem Namen Johann von Mainz nach Athen aufbrach, wo sie mit ihrer beispiellosen Gelehrsamkeit beeindruckte.

Als sie dann in Rom Naturwissenschaften lehrte, zog sie derart viel Aufmerksamkeit auf sich, dass sie 855 zum Papst gewählt wurde. Danach wurde sie von einem ihrer Diener schwanger und musste ihr wahres Geschlecht schließlich preisgeben, als sie während einer Prozession niederkam. Sie starb kurz darauf – ob als Folge der Geburt oder durch Steinigung ist unklar.

Nicht weniger obskur ist die Quelle dieser Legende. Entweder ist sie ein Seitenhieb auf die weibische Schwäche von Papst Johannes VIII. gegenüber den im 9. Jahrhundert eindringenden Sarazenen, oder sie geht auf das Denkmal für eine unbekannte Frau zurück, das man in einer Seitenstraße unweit des Kolosseums entdeckt hat.

Anhänger finden sich hier jedenfalls bis heute ein, und päpstliche Prozessionen meiden die Stelle – vielleicht aber auch nur, weil es dort sehr eng ist.

Ein weiteres Gerücht besagt, dass die späteren Päpste nach ihrer Wahl nackt auf einem durchlöcherten Marmorsitz Platz nehmen mussten, um von einem Kardinalskomitee mit dem Zeugnis *Testiculos habet et bene pendentes* (Er hat Hoden und sie hängen gut) bestätigt zu werden, wenngleich dies allgemein als hochgradiger Unsinn abgetan wird.

Päpstin Johanna musste ihr wahres Geschlecht preisgeben, als sie bei einer Prozession niederkam.

Die legendäre Päpstin Johanna bei der unerwarteten Niederkunft während einer Prozession. Es ist zu bezweifeln, dass die ganze Geschichte überhaupt einen wahren Kern hat.

„Mutter“ Pasqualina

Papst Pius' XII. Entscheidung, eine junge attraktive Ordensschwester als Haushälterin einzustellen, war vielen suspekt.

Keiner Ordensfrau ist im Vatikan eine solche Feindseligkeit entgegengeschlagen wie der anhänglichen, als bayerische Bauerntochter geborenen Haushälterin von Pius XII. Schwester Pasqualina (der Titel „Mutter" wurde ihr nie offiziell verliehen) begegnete dem damaligen Monsignore Eugenio Pacelli, während er sich in einem Schweizer Nonnenkloster von einer schweren Krankheit erholte. Pacelli war derart von ihr beeindruckt, dass er sie als seine Haushälterin nach München holte – angesichts ihrer Schönheit und der Tatsache, dass er 18 Jahre älter war, ein höchst ungewöhnlicher Umstand. Gerüchten, wonach sie eine Affäre unterhielten, trat Pacelli mit einer förmlichen Untersuchung entgegen.

Dann zog das Paar nach Berlin, wo Pacelli als Nuntius für das Deutsche Reich tätig war, und darauf nach Rom, wo Pasqualina als seine Helferin zu jenem Konklave in die Sixtinische Kapelle einzog, in dem er zum Papst gewählt werden sollte. Als päpstliche Haushälterin war sie nun aus dem Vatikan nicht mehr wegzudenken, herrschte über einen eigenen kleinen Palast und erlangte großen Einfluss auf Pius, der angeblich sogar bis zur Einsetzung von Kardinälen reichte.

Die meisten Insider verachteten Pasqualina.

Pasqualina erhielt Unmengen von Briefen, in denen man sie um Geld oder eine Anstellung im Vatikan bat. Amtspersonen umschmeichelten sie, um in den Genuss einer päpstlichen Audienz zu kommen. Dennoch wurde sie von den meisten Insidern nur verachtet, vor allem in Pius' letzten Lebensjahren, als sie seine heiligen Visionen und Heimsuchungen tatkräftig förderte, die man vielfach als Beginn der Senilität wertete.

Nach seinem Tod wurde sie aus dem Vatikan verbannt, nachdem man entdeckt hatte, dass sie auf Geheiß des Papstes zwei Taschen mit Dokumenten verbrannt hatte – was sie offen zugab, da „eine päpstliche Anweisung befolgt werden muss". Über den Inhalt der Dokumente ist bis heute nichts bekannt.

VIERTES KAPITEL
Tod im Vatikan

Die offiziellen Instanzen des Vatikans sähen es gern, wenn man annähme, dass sich innerhalb seiner Mauern nur natürliche Todesfälle ereignen, was aber oft nicht zutrifft. Die Kirchengeschichte ist reich an Beispielen vorsätzlicher Täuschung, fieberhafter Konspiration und sogar des offenen Mordes, wie das Folgende zeigen wird.

Richten wir unsere Aufmerksamkeit zuerst auf Papst Alexander VI., dessen Amtszeit den moralischen Tiefpunkt einer spirituell korrupten Kirche markiert, mit alltäglichen ungestraften Morden, nicht selten auf Betreiben des Pontifex höchstpersönlich. Alexander fiel schließlich seiner eigenen bevorzugten Mordmethode zum Opfer: einem langsam wirkenden, schmerzhaften Gift – ein Grund mehr, sich mit dem vorzeitigen Ende diverser Päpste zu befassen.

Morde, Mafia und päpstliche Verderbtheit – die Vergangenheit des Vatikans ist reich an Skandalen und Widersprüchlichkeiten.

Noch unappetitlicher wird es, wenn wir uns einem der peinlichsten Vorfälle in der jüngeren Geschichte des Vatikans zuwenden: der verpfuschten Einbalsamierung von Papst Pius XII. durch einen Arzt, der die altehrwürdige Bestattungszeremonie in einen surrealen Karneval aus ekelhaften Desastern verwandelte.

Dem folgt ein Blick auf den tragischen Mord an dem italienischen Bankier Roberto Calvi im Jahr 1982, dessen undurchsichtige Geschäfte mit der Vatikanbank in ein tödliches Dreieck aus Kircheninsidern, Freimaurern und mafiösen Gaunern führte, die allesamt zu seinem würdelosen Ende unter einer Londoner Brücke beitrugen.

Schließlich noch wollen wir einen Doppelmord aufrollen, der 1998 die Welt schockierte. In einem Anfall paranoider Tobsucht tötete ein Schweizergardist seinen Vorgesetzten und dessen Frau – so zumindest die offizielle Version des Vatikans.

Alexander VI. (speisend) neben seinen illegitimen Kindern Cesare und Lucrezia Borgia – eine „Achse des Bösen" aus dem 16. Jahrhundert.

Die Herrschaft des Terrors

Kein anderer Papst schadete dem Ruf des Vatikans so sehr wie Alexander VI. (1492 bis 1503) mit seiner Vetternwirtschaft, gepaart mit Despotismus und Dekadenz. Oft reicht bereits sein Name, um manchem Kirchenmann die Schamesröte ins Gesicht zu treiben.

Die Erwähnung von Alexander VI. genügt, um vielen Vertretern der Kurie die Schames- oder Zornesröte ins Gesicht treten zu lassen.

Man mag kaum glauben, dass jemand, der angeblich mit zwölf Jahren seinen ersten Mord beging, zum Oberhaupt der Kirche aufsteigen könnte, doch Rodrigo de Borgia gewann die Papstwahl mit jener moralischen Leere, die auch seine gesamte Herrschaft kennzeichnen sollte: Um den Wahlausgang zu seinen Gunsten zu beeinflussen, schickte er Ascanio Kardinal Sforza, seinem schärfsten Konkurrenten, vier mit Silber beladene Maultiere.

Kaum zu glauben, dass jemand, der angeblich bereits mit zwölf Jahren seinen ersten Mord beging, Papst werden kann.

Von nun an ging es moralisch nur noch weiter bergab. Alexander hatte nicht weniger als zehn illegitime Kinder von verschiedenen Mätressen. Als Papst betrieb er eine rücksichtslose Vetternwirtschaft (seinen Sohn Cesare machte er als 17-jährigen Schüler zum Erzbischof von Valencia) und belohnte jede seiner Mätressen mit einem eleganten Stadthaus – eine von ihnen, Giulia Farnese, diente in einem jüngst wiederentdeckten Fresko für die päpstlichen Gemächer sogar als Modell für die Jungfrau Maria.

Mit der Machtfülle steigerte sich auch seine Gier, und das Wappen der Borgia – ein wilder roter Stier auf goldenem Grund – wurde immer passender. Bald landeten wohlhabende Kardinäle im Kerker und wurden infolge erdichteter Anklagen hingerichtet, damit sich Alexander ihres Eigentums bemächtigen konnte. Rom versank in eine unvergleichliche Regellosigkeit: Auf den Straßen wimmelte es von Prostituierten, und Morde blieben ungesühnt, während sich der Papst auf feucht-fröhlichen Banketten vergnügte, die unweigerlich in Orgien ausarteten. Eine derartige Folge von Skandalen hatte der Vatikan noch nicht erlebt, und er sollte sich nie wieder ganz davon erholen.

Der bekanntermaßen lüsterne Borgia-Papst genießt eine Tanzdarbietung.

Teufelsbrut

Während Alexander VI. um das Jahr 1500 überall in Europa die politischen Fäden in der Hand hielt, stattete er seine nahen Angehörigen mit diversen Führungspositionen aus. Keiner von ihnen bewies eine größere Vielseitigkeit als seine illegitime Tochter Lucrezia.

Lucrezia war im zarten Alter von elf Jahren bereits zweimal verlobt worden, doch Alexander hatte das Verlöbnis jedes Mal aufgehoben. Diese Wankelmütigkeit steigerte sich noch, als er nach seinem Amtsantritt Verbündete suchte, um seinen Einfluss zu festigen. Da war zunächst Giovanni Sforza, ein mächtiger Mailänder Edelmann, den Alexander eilig mit Lucrezia verheiratete, doch der sich schon bald als gar nicht so gute Partie erwies. Alexander verlangte die Scheidung, doch Sforza weigerte sich. Als Papst erklärte er daraufhin die Ehe für nichtig, da sein Schwiegersohn sie nicht habe vollziehen können. Sforza sah sich gezwungen, die Aufhebungspapiere (nichts anderes als ein Bekenntnis seiner Impotenz) vor Zeugen zu unterzeichnen.

Man kann durchaus verstehen, dass Sforza verbittert war. Als Lucrezia unterdessen schwanger wurde, behauptete er, der Vater des Kindes sei ihr leibhaftiger Bruder Cesare.

Überdies beschuldigte er seine Ex-Frau der inzestuösen Beziehungen mit ihrem eigenen Vater, was manche Historiker durchaus für denkbar halten.

Lasterhaftigkeit lag den Borgia eindeutig im Blut. Links abgebildet sind die illegitimen Kinder von Papst Alexander VI. – der despotische Cesare und seine Schwester Lucrezia. Angeblich unterhielten sie eine inzestuöse Beziehung, aus der ein Sohn hervorging, wenngleich es noch wildere Spekulationen gibt, wonach Papst Alexander VI. selbst Vater und Großvater des Jungen in einer Person war.

Was auch immer zu solchen Behauptungen geführt hat, fest steht, dass das Verhältnis zwischen Bruder und Schwester mehr war als rein geschwisterlich. Lucrezia ging bald eine weitere Vernunftehe ein, diesmal mit dem feschen Alfonso von Aragón. Cesare, dessen Gesicht durch Pockennarben entstellt war, weshalb er es unter einer Maske verbarg, wurde eifersüchtig auf seinen gut aussehenden Schwager. Als der junge Herzog nach Rom kam, ließ er ihn kurzerhand erdrosseln, während er sich im Bett von der Krankheit erholte.

Außer Neid dürfte dieser Mord ebenfalls ein politisches Motiv gehabt haben, denn auch die Ehe mit Alfonso erwies sich nicht als vorteilhaft, weshalb Alexander neue Pläne für seine Tochter schmiedete. Im Jahr darauf vermählte er sie mit Alfonso d'Este, Herzog von Ferrara. Mit ihm verbrachte Lucrezia den Rest ihres Lebens und ließ die finsteren Tage am Hofe ihres Vaters hinter sich. (Dort hatte sie angeblich einen mit Gift gefüllten Ring für Morde bei Tisch getragen.) Und sie fand sich in eine neue Rolle ein: die einer weltlichen Herzogin der Renaissance.

Ein willkommenes Ende

Alexander starb einen langsamen, überaus qualvollen Tod. Zeitgenössische Quellen erwähnen, dass sein Gesicht die Farbe von Wein annahm, der Bauch anschwoll und sich verflüssigte und die Haut abblätterte. Der öffentlich aufgebahrte Leichnam befand sich in einem merkwürdigen Zustand beschleunigter Verwesung (mit grotesk angeschwollener Zunge und Schaum vor dem erstarrten Mund). Sein Körper war nun derart stark aufgetrieben, dass man ihn nur mit brachialer Gewalt in den Sarg zwängen konnte, begleitet vom Austritt schwefeliger Gase aus sämtlichen Körperöffnungen.

Alles deutete auf Vergiftung hin. Der despotischste Papst aller Zeiten, der alle

Das Kastanienballett

Die Liste der Schandtaten von Alexander VI. ist nahezu endlos, doch es gibt ein Ereignis von solch surrealem Ausmaß, dass es als Gradmesser für den moralischen Verfall des Papsttums während seiner Herrschaft gilt: Am 30. Oktober 1501 gab der Papst in seinen Privatgemächern ein Abendessen, das schon bald in eine überaus wilde Orgie ausarten sollte.

Sobald die Tische abgeräumt waren, betraten die 50 schönsten Prostituierten Roms die Halle und begannen, mit den Gästen zu tanzen. Anschließend mussten sie sich ausziehen, splitternackt auf dem Boden herumkriechen und überall verstreute Kastanien auflesen – ein Ereignis, der als Kastanienballett in die Geschichte einging.

Danach begann die Orgie. Die Gäste sahen sich aufgefordert, mit möglichst vielen Prostituierten zu verkehren, während der Papst das Treiben stolz beobachtete. Diener protokollierten die Paarungen. Nachdem man fertig war, ergriff der Papst das Wort und belohnte die eifrigsten Männer mit Preisen. Einen Mann, so Alexander, misst man schließlich an seiner Manneskraft – und in dieser Hinsicht hatte er sicher eine hohe Meinung von sich selbst.

ermordet hatte, die ihm persönlich oder politisch im Weg standen, hatte seine eigene Medizin buchstäblich selbst zu schmecken bekommen.

Angesichts der Zahl seiner Feinde innerhalb wie außerhalb des Vatikans kam dieser Tod kaum überraschend und für viele auch nicht einen Augenblick zu früh.

Im Petersdom zögerte man verständlicherweise, die Bestattungsrituale durchzuführen. Dies geschah erst auf behördlichen Druck hin und nur, um danach den Sarg rasch wieder zu entfernen und in einer kleineren Kirche beizusetzen. Sein Nachfolger Pius III. ging so weit, die Totenmesse zu verbieten, da es „blasphemisch ist, für die Verdammten zu beten".

Die unscheinbare Kastanie ist dem Vatikan bis heute ein Dorn im Auge, seit sie in dem lasterhaften „Ballett" von Alexander VI. eine zentrale Rolle spielte.

Gefahr für Leib und Leben

Der Giftmord an Alexander VI. war höchst unerfreulich, doch wahrlich keine Ausnahme. In der Geschichte des Vatikans fanden eigensinnige Päpste immer wieder ein vorzeitiges Ende.

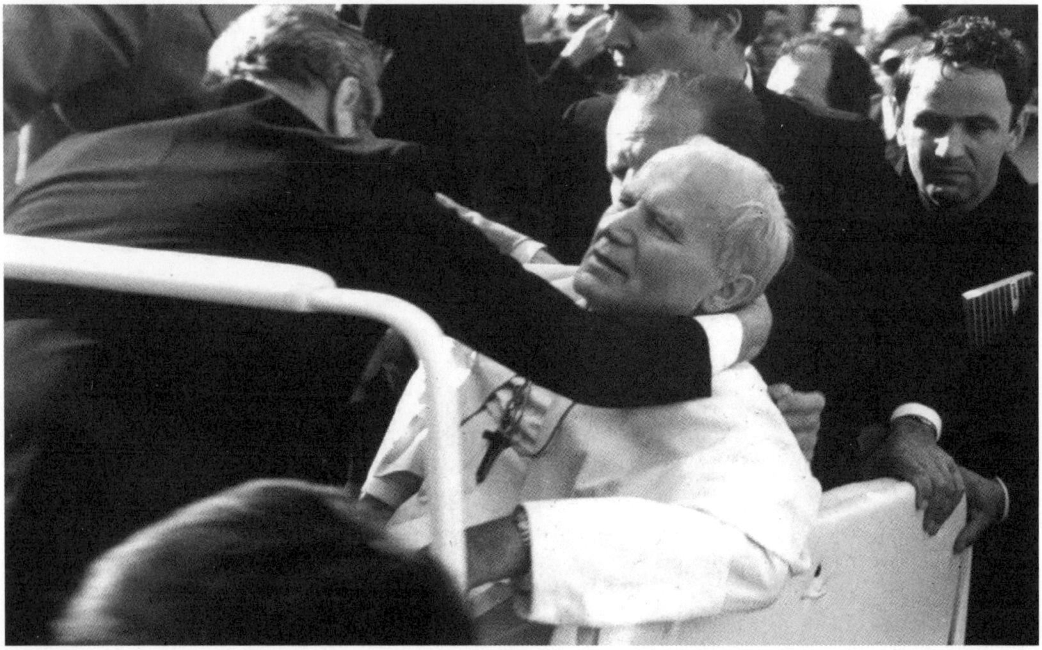

Kugeln treffen Johannes Paul II., während er 1981 in seinem offenen Papamobil über den Petersplatz fährt.

Als Johannes VIII. 882 von seinem eigenen Gefolge vergiftet und anschließend erschlagen wurde, war er wahrscheinlich der erste, doch bestimmt nicht der letzte Papst, der durch Mord umkam. Man denke nur an Johannes X., der 928 mit einem Kissen erstickt, und Benedikt VI., der 974 von einem Priester erwürgt wurde.

Im 20. Jahrhundert gab es mindestens drei Attentate (1970 auf Paul VI. durch einen surrealistischen Maler auf dem Flughafen von Manila sowie 1981 und 1982 auf Johannes Paul II.), viele weitere gerieten in Vergessenheit. Höchst beunruhigend ist jedoch das scheinbar friedliche Dahinscheiden zweier Päpste ...

Pius XI.

Während Hitler 1939 erstarkte, zeigte sich der ältliche Pius XI. zunehmend besorgt über den kometenhaften Aufstieg des Faschismus und die Gefahr, die er für die ethnischen Minderheiten darstellte. Er machte sich daran, eine klare Rede zu verfassen, die den in Italien und andernorts herrschenden Faschismus verurteilte. Doch nur 24 Stunden vor dem geplanten Termin seiner Rede fand man ihn tot auf, gestorben offenbar an Herzversagen. Der Text seiner mutigen Rede bleibt bis heute auf merkwürdige Weise verschwunden.

Bald kamen die ersten Gerüchte auf. Sie beruhten auf einer sensationellen Behauptung in den persönlichen Tagebüchern des angesehenen französischen Kardinals Eugène Tisserant. Danach habe Pius am Tag seines Todes eine Spritze erhalten, und zwar von Dr. Francesco Petacci, als praktischer Arzt im Vatikan tätig und Vater von niemand anderem als der langjährigen Geliebten Benito Mussolinis.

Der Verschwörungstheorie, wonach Pius XI. auf Mussolinis Anordnung ermordet wurde, hängen indes nur wenige an, doch der plötzliche Tod nur wenige Stunden vor einer Rede, die den Verlauf des gesamten 20. Jahrhunderts hätte beeinflussen können, erschien vielen Beobachtern verdächtig – vor allem angesichts der Unterstützung des Dritten Reichs durch seinen Nachfolger, Pius XII. Es bestehen kaum Zweifel, dass der Vatikan zu Beginn des Zweiten Weltkriegs unter dem Einfluss pro-faschistischer Kräfte stand. Die Frage ist nur, ob sie tatsächlich einen Mord in den eigenen Reihen begingen.

Manche spekulieren, dass Papst Pius XI. ermordet wurde, um eine Rede zu verhindern, die den Aufstieg des Faschismus verurteilte.

Johannes Paul I.

Pius XI. war nicht der letzte Papst im 20. Jahrhundert, dessen Andenken durch das Gerücht eines nicht natürlichen Todes getrübt wurde. In der Tat ist kaum ein ungnädigerer Tod denkbar als der von Papst Johannes Paul I., der am 28. September 1978 nach einer Amtszeit von nur 33 Tagen starb.

Die entsprechenden offiziellen Verlautbarungen sind lückenhaft und widersprüchlich. Einmal wurde der Leichnam um 4.30 Uhr im päpstlichen Schlafgemach gefunden, oder aber um 5.30 Uhr. Einmal habe sich der Papst am Vorabend unwohl gefühlt, aber keinen Arzt rufen wollen, oder er habe sich vor dem Abendessen fröhlich mit seinen Sekretären unterhalten und keineswegs leidend gewirkt. Hinsichtlich der Todesursache geht das Rätselraten weiter. In einem Bericht wird ein Herzanfall angegeben, während der hochrangige Kardinal Villot betonte, der Papst habe sein Herzmittel Effortil versehentlich überdosiert – wegen der Möglichkeit eines Suizids eine umstrittene Behauptung.

Dies war kaum nachprüfbar, denn das Fläschchen verschwand ebenso wie die Brille und die Pantoffeln des Papstes. In seinem Buch „Im Namen Gottes?" mutmaßt David Yallop, dass sie wegen Spuren von Erbrochenem entfernt wurden – ein möglicher Hinweis auf eine Digitalisvergiftung, die auch den schmerzverzerrten Gesichtsausdruck des einst als der „lächelnde Papst" bekannten Mannes erklären würde.

Warum aber hätte jemand seinen Tod herbeiführen wollen? Einfach ausgedrückt: weil der neue Papst die vatikanische Ordnung umzuwälzen drohte.

Die traditionsreiche Krönungszeremonie hatte er bereits vereinfacht und als erster Papst zwei Namen angenommen. Und er hatte versprochen, dem internen Skandal um die Vatikanbank nachzugehen, mit der von Vetternwirtschaft geprägten „Mailänder Mafia" seines Vorgängers Paul VI. aufzuräumen, die offizielle Haltung zur Abtreibung und Verhütung zu lockern und womöglich sogar den Jesuitenorden ein zweites Mal aufzulösen. Für seine Ermordung gab es also so viele triftige Gründe, dass man den wahren Schuldigen, so es denn einen gibt, wohl nie finden wird.

Papst Johannes Paul I. bei seiner Inauguration am 23. September 1978. Nur fünf Tage später fand man ihn unter höchst verdächtigen Begleitumständen tot in seinem Schlafzimmer.

Das dritte Geheimnis von Fatima

Während er in einem italienischen Gefängnis seine Strafe für den versuchten Mord an Johannes Paul II. (1981) verbüßte, wurde dem türkischen Dissidenten Mehmet Ali Agca das sogenannte dritte Geheimnis von Fatima zu einer echten Obsession.

Im Jahr 1917 behaupteten drei Bauernkinder aus dem portugiesischen Dorf Aljustrel unweit von Fatima, dass ihnen die Jungfrau Maria mehrmals erschienen sei und ihnen drei Geheimnisse offenbart habe: eine zermürbende Vision der Hölle und einen Einblick, wie die Seelen durch Bekehrung der Welt zum Christentum vor ewiger Verdammnis bewahrt werden können. Das dritte Geheimnis galt indes als derart heikel, dass man es bis 1940 geheim hielt.

Viele glauben, das dritte Geheimnis der Fatima sei noch nicht gelüftet.

Der Vatikan beschloss, das Geheimnis noch viel länger zu wahren, nicht ohne dessen immense Tragweite anzudeuten (Johannes Paul II. verglich es 1980 mit der Botschaft, dass „Ozeane die Kontinente überfluten und in nur wenigen Minuten Millionen einen plötzlichen Tod sterben werden"). Als das dritte Geheimnis dann am 26. Juli 2000 tatsächlich preisgegeben wurde, erwies es sich als langatmige Allegorie von einem Engel mit flammendem Schwert, einer halb in Ruinen liegenden Stadt und einem Heiligen Vater, der am Fuße eines Kreuzes das Ziel von Kugeln und Pfeilen wird.

Im Vatikan betrachtete man dies als prophetische Vision von Ali Agcas Mordversuch im Jahr 1981, und zwar genau am 13. Mai, dem Festtag von Fatima. Weitere Zusammenhänge sind ausgesprochen dürftig, weshalb viele glauben, das wahre dritte Geheimnis von Fatima sei bis heute nicht gelüftet.

Eines jener drei Geheimnisse, die die Jungfrau Maria 1917 drei portugiesischen Bauernkindern offenbart haben soll, hält der Vatikan angeblich bis heute unter Verschluss.

Ein grober Schnitzer

Was nach dem Tod von Pius XII. geschah, war ebenso umstritten wie sein Leben. Dies war einer einzigen Person zu verdanken: einem Quacksalber namens Riccardo Galeazzi-Lisi, der die Einbalsamierung des päpstlichen Leichnams derart verpfuschte, dass sich der Vatikan noch jahrelang mit Schrecken daran erinnern sollte.

Obwohl nur als Augenspezialist qualifiziert, gelang es Riccardo Galeazzi-Lisi, der Pius bereits seit einigen Jahren kannte, bevor dieser 1939 zum Papst gewählt wurde, tief in das vatikanische Leben vorzudringen, zunächst als Leibarzt des Papstes, dann als oberster Arzt für die gesamte Kurie.

Er bestand gar darauf, im Vatikan stets als „Professor" tituliert zu werden, wenngleich er diesen Titel niemals offiziell erworben hatte. Ein medizinisches Naturtalent war er ganz sicher auch nicht.

Er bestand darauf, im Vatikan stets als „Professor" tituliert zu werden, wenngleich er diesen Titel niemals erworben hatte.

Dafür aber betätigte er sich als Informant, der Insiderwissen an diverse zahlende Kunden weitergab, darunter Journalisten der *New York Times* und von Reuters.

Als sich der Zustand des altersschwachen Papstes verschlechterte, war die Nachrichtenagentur sogar per rotem Telefon direkt mit der Arztpraxis verbunden, doch die meisten Kunden entlohnten Exklusivmeldungen mit neutralen Umschlägen voller Bargeld.

All dies sollte erst nach Pius' Tod herauskommen. Sonst nämlich hätte man Galeazzi-Lisi niemals erlaubt, sich um den Leichnam des geliebten Pontifex zu kümmern. So aber kam es, dass der Doktor nach Pius' Tod am 9. Oktober 1958 in Castel Gandolfo erfolgreich darauf bestand, die Einbalsamierung persönlich vorzunehmen. Dieses Zugeständnis sollten die vatikanischen Verantwortlichen für den Rest ihres Lebens bereuen.

Riccardo Galeazzi-Lisi (rechts) war ein nicht sonderlich kompetenter Augenarzt, der es irgendwie zum Leibarzt von Papst Pius XII. gebracht hatte. Seine verpfuschte Einbalsamierung des verstorbenen Papstes markierte den Beginn einer der peinlichsten Episoden in der jüngeren Geschichte des Vatikans.

9.–11. Oktober: Beginnende Verwesung

Die Sache ging fast von Beginn an schief. Galeazzi-Lisi arbeitete mit seinem Assistenten zwei Tage hinter verschlossenen Türen. Nun konnte der Leichnam in den Petersdom überführt werden, um dort öffentlich aufgebahrt zu werden. Der Ärger begann schon mit dem Leichenwagen, einem wackeligen Gefährt mit vier steinernen Engeln und der Papstkrone, das bei der Fahrt über das holperige römische Pflaster fürchterlich ins Schwanken geriet. Doch erst als man den Leichnam für die Bestattungszeremonie in die Lateranbasilika brachte, ereilte die versammelte Trauergemeinde der erste wirkliche Schock.

Bei näherer Untersuchung zeigte sich, dass der Sarg geborsten war, da angesichts des milden Wetters Gärungsprozesse eingesetzt hatten.

Ein lautes Krachen durchfuhr die Menge. Zunächst ging man von einem Schuss aus, doch bei näherer Untersuchung zeigte sich, dass der Sarg geborsten war, da bei den ungewöhnlich hohen Oktobertemperaturen Verwesungsprozesse eingesetzt und sich der umschlossene Raum mit Leichengasen gefüllt hatte. Die restliche Zeremonie wurde rasch abgewickelt, bevor man den geborstenen Sarg entfernte.

Nun erkundigte man sich bei Galeazzi-Lisi. Dieser betonte, seine Art der Einbalsamierung fuße auf einer durchweg natürlichen altägyptischen Methode, die den Leichnam mehr als 100 Jahre lang unversehrt erhalte, ganz ohne Chemikalien oder invasive Eingriffe. Hierzu stecke man den Leichnam lediglich zusammen mit einer speziellen Kombination aromatischer Kräuter in einen Zellophansack. Er brauche nur noch ein wenig Zeit, um das Verfahren zu perfektionieren. Doch das reichte leider nicht aus.

11.–13. Oktober: Vom Regen in die Traufe

Im Petersdom arbeiteten der Arzt und sein Assistent die ganze Nacht bis um 7 Uhr früh, als man die Pforten öffnete, um die ersten Trauernden hineinzulassen. Anfangs schien alles in Ordnung, doch mit steigender Außentemperatur nahm das Gesicht des Verstorbenen eine grüne Färbung an, und der Leichnam strömte einen strengen Geruch aus. Bestürzt rief man den erschöpften Galeazzi-Lisi herbei, der eine weitere Nacht durcharbeiten musste. Doch am Tag darauf hatte sich nichts gebessert: Das päpstliche Antlitz war nun durch große rosafarbene Flecken verunstaltet, und der gleiche durchdringende Geruch strömte in den gewaltigen Kirchenraum. Eilig vollzog man die letzten Rituale und brachte den Sarg in die Krypta. So endete eine der peinlichsten Episoden in der jüngeren Geschichte der katholischen Kirche. Tage später erschien noch ein Zeitungsfoto des sterbenden Papstes, aufgenommen von niemand anderem als Galeazzi-Lisi.

Keine zwei Wochen nach dem Ableben des Papstes, wurde Galeazzi-Lisi sämtlicher Ämter und Funktionen enthoben und für immer aus dem Vatikan verwiesen – eine bislang einzigartige Strafmaßnahme.

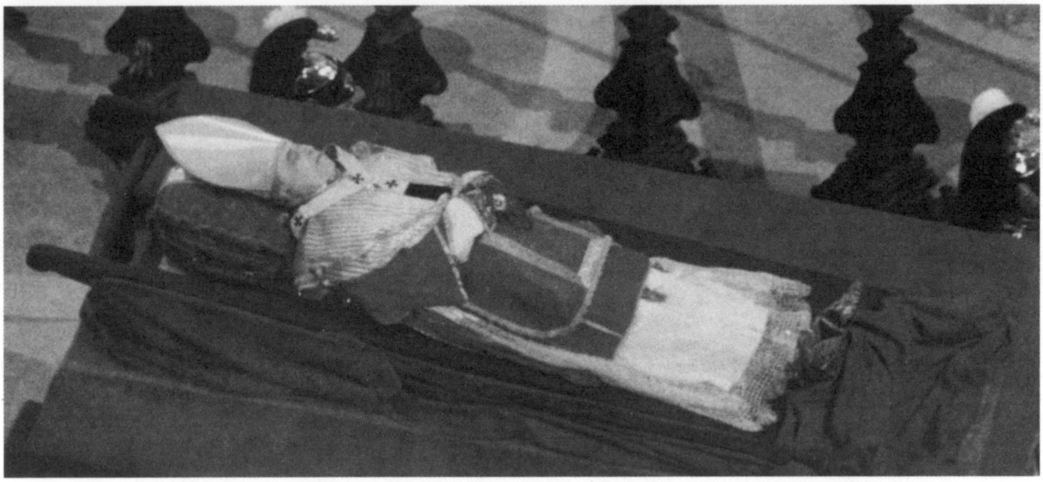

Über dem Leichnam von Papst Pius XII. waberte ein schrecklicher Geruch und die Flecken in seinem Gesicht waren selbst aus der Entfernung sichtbar.

Die Leichensynode

Dabei hatte es schon einmal einen verwesenden päpstlichen Leichnam gegeben, der den Vatikan plagte: Ende des 9. Jahrhunderts nämlich inszenierte die Kurie ein derart groteskes Ereignis, dass selbst dem wenig zimperlichen zeitgenössischen Betrachter übel werden musste.

Als Stephan VI. im Jahr 896 zum Papst gewählt wurde, verdankte er dies vor allem seinen Gönnern, der mächtigen Spoleto-Familie, die sich mit den Kirchenoberen überworfen hatte, als sich der frühere Papst Formosus weigerte, einen der ihren als Mitherrscher über das Heilige Römische Reich zu krönen.

Wohl auf Druck der Spoletos bestand eine von Stephans ersten Amtshandlungen darin, Papst Formosus zu exhumieren, päpstlich gewandet auf einem Stuhl festzubinden und ihm den Prozess zu machen, was als „Leichensynode" in die Geschichte einging.

Das schauerliche Theater war damit aber noch nicht beendet. Nachdem man die Leiche, wie nicht anders zu erwarten, schuldig gesprochen hatte, wurden ihr drei Finger abgeschnitten. Formosus wurde nun im Gewand eines Bauern bestattet, nochmals exhumiert und in den Tiber geworfen. Kurz darauf ging das Gerücht um, der Leichnam sei ans Ufer gespült worden und habe Wunder bewirkt.

Die entsetzten Römer traten nun so nachdrücklich für Stephans Absetzung ein, dass die Spoletos schließlich nachgeben mussten, Stephan einkerkerten und erdrosseln ließen. Stephans Nachfolger, Theodor II., hob den Schuldspruch auf, ließ Formosus' Leichnam aus der Hafenstadt Porto

zurückholen und sorgte dafür, dass er in vollem päpstlichem Ornat erneut in der Familiengruft bestattet wurde.

Der verweste Leichnam von Papst Formosus wurde exhumiert, päpstlich gewandet und von seinem Nachfolger, Stephan VI., leibhaftig auf die Anklagebank gesetzt.

Das Ende des Bankiers Gottes

Ein Mord erschütterte 1982 den für seine undurchsichtigen Finanzgeschäfte bekannten Vatikan, um ihn in die zwielichtige Welt voller Mafiosi, Mörder und schamloser Finanzhaie zu ziehen.

Der in Ungnade gefallene Bankier Roberto Calvi (Mitte) endete schließlich unter der Londoner Blackfriars Bridge – an einem Strick baumelnd.

Selbst Agatha Christie hätte keine dramatischere Eingangsszene erfinden können: Am 18. Juni 1982 um 7.30 Uhr entdeckte ein Postbote eine männliche Leiche, die mitten in London unter der Blackfriars Bridge baumelte. Die Taschen waren mit Steinen und einer Menge Banknoten gefüllt.

Wie die Metropolitan Police nach einigen Telefonaten bestätigte, handelte es sich um die Leiche von Roberto Calvi, dem vermissten Präsidenten der italienischen Banco Ambrosiano, die kurz zuvor mit Schulden von rund 1 Mrd. US-Dollar zusammengebrochen war.

Das scheinbar eindeutige Ermittlungsergebnis lautete auf Selbstmord, und die Akte wurde geschlossen – jedenfalls bis 1998, als Calvis Angehörige eine Exhumierung und die genaue Rekonstruktion des Tathergangs durchsetzen konnten. 2002 gelangte man zu der Einschätzung, dass ein Mord vorlag.

Man mag kaum glauben, dass derart überzeugende Indizien bei den ersten Untersuchungen übersehen wurden: Calvis Halsverletzungen waren nicht die eines Erhängten, die Steine in seinen Taschen hatte er gar nicht berührt, und an seinen Schuhen fand sich kein Rost von dem Gerüst, auf das er hätte klettern müssen, um die Brücke zu erreichen.

Proteste von Calvis Angehörigen führten zur Exhumierung und einer umfassenden Rekonstruktion von Tatort und -hergang.

Diverse Unterweltgrößen wurden seitdem des Mordes angeklagt, darunter Licio Gelli, Kopf der Loge P2 (Propaganda Due), die beim Zusammenbruch der Banco Ambrosiano eine zentrale Rolle gespielt hatte. Bezeichnenderweise nennen sich die Mitglieder von P2 „frati neri" (engl. black friars/dt. schwarze Mönche), ein sarkastischer Verweis auf den Tatort.

Den größten Skandal verursachte indes eine mögliche Mitwirkung des Vatikans, dem Roberto Calvi auch seinen Spitznamen verdankte: Bankier Gottes.

Die letzte Versuchung

Der Zusammenbruch der Banco Ambrosiano besudelte die blütenweiße Weste des Vatikans. Es gab ein Netzwerk ungesetzlicher Investitionen, die sich bis zur Vatikanbank, dem „Institut für Religiöse Werke" (IOR), zurückverfolgen ließen.

Obgleich innerhalb einer nicht gewinnorientierten Ökonomie operierend, hatte das IOR Mitte der 1950er-Jahre bereits ein Vermögen von fast 1 Mrd. US-Dollar angehäuft. Das Gros der Entscheidungen traf Ende der 1960er-Jahre das Kontakte zur sizilianischen Mafia unterhaltende P2-Mitglied Michele Sindona, der in Firmen investierte, die so unkatholische Dinge produzierten wie Waffen und die Pille.

Ungefähr zu jener Zeit stieß Sindona auf Roberto Calvi von der Banco Ambrosiano (einem von mehreren katholischen Geldinstituten). Er weihte ihn in einen geheimen Geldvermehrungsplan ein, für dessen politische Verzweigungen niemand anderes zuständig sein würde als Licio Gelli, der Kopf von P2. Vereinbarungsgemäß eröffnete Calvi Überseekonten bei erfundenen Banken, um immense Mengen vatikanischen Geldes umzuschichten, während man die Spitze der mafiösen Investitionen in die Banco Ambrosiano verlagerte, um die Löcher zu stopfen.

Der Tod vom Bankier Gottes trieb den Vatikan in die Defensive.

Das ging jedoch nicht lange gut. Im Juni 1982 wurde bekannt, dass die Banco Ambrosiano Schulden in Höhe von bis zu 1,5 Mrd. Dollar hatte. Am 10. Juni rasierte sich Calvi seinen Schnurrbart ab, kaufte einen gefälschten Pass und floh nach Venedig, dann nach London. Am 17. schrieb seine Sekretärin eine Notiz, in der sie Calvi als Hauptschuldigen verurteilte, um sich anschließend aus dem 5. Stock der Banco Ambrosiano in den Tod zu stürzen. Am Morgen darauf entdeckte man Calvis Leiche.

Nachdem Paul Marcinkus, damaliger Direktor des IOR, 240 Mio. US-Dollar an aufgebrachte Gläubiger ausgezahlt hatte, zitierte man ihn in den Vatikan, dessen Staatsangehörigkeit ihm bis zu seinem Tod im Jahr 2006 Immunität garantierte. Sein lapidarer Kommentar: „Kirche funktioniert nicht per Ave Maria".

Erzbischof Paul Marcinkus, ein gebürtiger US-Amerikaner, war von 1971 bis 1989 Direktor der Vatikanbank. Obwohl am Zusammenbruch der Banco Ambrosiano beteiligt, wurde er niemals zur Rechenschaft gezogen. Er verstarb im Februar 2006.

Ein unangenehmes Echo

Am 21. Juli 2006 wurde man unschön an die Calvi-Affäre erinnert, als die zerstückelte Leiche eines angesehenen italienischen Bankiers und hochrangigen Mitglieds des Opus Dei unter einer Straßenbrücke unweit von Parma gefunden wurde.

Das Opfer, Gianmario Roveraro, war am 5. Juli nach einer Versammlung des Opus Dei verschwunden. Später hatte er seiner Frau telefonisch mitgeteilt, er halte sich in Österreich auf und alles sei in Ordnung. Sie aber wertete den Anruf als verschlüsselten Hilferuf, denn ihr Mann war noch nie in Österreich gewesen, hatte aber kurz zuvor einen Deal mit einer österreichischen Firma eingefädelt, bei dem ein italienischer Finanzberater, Filippo Botteri, 3,2 Mio. US-Dollar verloren hatte.

Die sterblichen Überreste des Bankiers und Mitglieds des Opus Dei, Gianmario Roveraro, wurden im Juli 2006 unter einer Autobahnbrücke entdeckt.

Im Verhör gab Botteri den Mord zu, nachdem man die per Kettensäge zerstückelte, halb in einem Müllsack verpackte Leiche entdeckt hatte.

Im Verhör gab Botteri den Mord zu, nachdem man die per Kettensäge zerstückelte, halb in einem schwarzen Müllsack verpackte Leiche entdeckt hatte. Botteri war es zunächst gelungen, über 13 Mio. US-Dollar regelmäßig in Raten von Roveraros Konto auf sein eigenes umzuleiten. Als die Bank vorsichtshalber das Konto sperrte, geriet er in Panik und ermordete den Bankier.

Das Opus Dei ging so weit, Roveraro zu bezeugen, dass er „von Gott bereits den Lohn für seine vielen Tugenden erhalten" habe – eine ungewöhnliche Abkehr vom gewohnten Schweigegebot.

Mord in der Schweizergarde

Ob ein Todesfall im Vatikan ein Mord ist oder nicht, darüber wird meist nur spekuliert. In diesem Fall aber verhielt es sich anders – ohne dass die Angelegenheit jedoch geklärt wäre.

In der Nacht des 4. Mai 1998 ermordete Cédric Tornay, ein Vizekorporal der Schweizergarde, seinen Vorgesetzten Alois Estermann und dessen Frau in ihrer Wohnung im Vatikan, bevor er die Waffe gegen sich selbst richtete. Estermann war erst zehn Stunden zuvor zum Kommandanten der Schweizergarde ernannt worden. Das Motiv? Ein Anfall von Eifersucht. So lautet die offizielle Version.

Die Tatsache, dass der Pressesprecher des Papstes, Joaquin Navarro-Valls, bereits wenige Stunden nach dem grausigen Fund an die Öffentlichkeit getreten war und verkündet hatte, die bisherigen Informationen sprächen für einen Tobsuchtsanfall, warf die Frage auf, warum man den Fall so schnell zu den Akten legen wollte.

Cédric Tornay wurde posthum Opfer einer Verleumdungskampagne.

Die Äußerung war deshalb interessant, weil Navarro-Valls dem Beschuldigten nie begegnet war. Dies galt auch für Alfons Kardinal Stickler, der Tornay an jenem Abend „als eine an der Geisteskrankheit Paranoia leidende Person" bezeichnete.

Unterdessen wurden die Autopsien hinter verschlossenen Türen von zur Geheimhaltung verpflichteten Ärzten des Vatikans durchgeführt; Protokolle durften nicht angefertigt werden. Dennoch gelangte die Nachricht, dass Tornays Blut Spuren von Cannabis enthielt, sofort an die Öffentlichkeit. All dies passte jedoch schlecht zu seinem tadellosen Ruf.

Tornay war seit drei Jahren Vizekorporal und für die Bewachung der päpstlichen Gemächer im Apostolischen Palast verantwortlich gewesen. Seine früheren Kollegen, darunter viele Untergebene, fanden nur Worte des Lobes für ihn – die jedoch nicht ausreichten, um eine Verleumdungskampagne zu verhindern.

Alois Estermann in der Rüstkammer des Vatikans. Die genauen Umstände seines schrecklichen Todes sind bis heute höchst umstritten.

Estermann wurde praktisch in den Himmel gelobt. *L'Osservatore Romano* und Radio Vatikan berichteten ausführlich über sein Leben und seine guten Taten, während der Kardinalstaatssekretär das Requiem hielt – eine seltene Ehre für einen Laien. Tornay wurde derweil unter reger Anteilnahme auch ehemaliger Kollegen in der winzigen Kirche Sant' Anna am Rand des Vatikans bestattet.

Eine Frage des Motivs

Der Tod Tournays und der Eheleute Estermann ist Gegenstand diverser Verschwörungstheorien. Eine von ihnen besagt, dass die beiden Schweizergardisten eine homosexuelle Beziehung unterhielten, die Esterman nach seiner Beförderung abgebrochen habe, wofür er von dem tief verletzten Tornay ermordet wurde.

Eine unheimlichere Theorie nimmt an, dass Tornay im Auftrag eines vatikanischen Spionagerings als Doppelagent gegen das Opus Dei ermittelte, da man über das Vordringen der Organisation in die Reihen der Schweizergarde besorgt war. Estermann galt als frommes Opus-Dei-Mitglied, der regelmäßig versuchte, andere Offiziere zu missionieren. Manche glauben, er habe Tornay getötet, nachdem er ihn enttarnt hatte, und dann seine Frau und sich selbst erschossen – eine Theorie, die erklären würde, warum Navarro-Valls, selbst ein hochrangiges Opus-Dei-Mitglied, so rasch mit einer offiziellen Version aufwartete.

Dann wäre da noch eine Theorie, wie sie John Follain in einem Buch „City of Secrets" vertritt: Tornay gehörte zur Minderheit der französischsprachigen Schweizergardisten, die von der deutschsprachigen Mehrheit schikaniert wurden. Am schlimmsten war Estermann. Als Tornays Beförderung zum Vizekorporal anstand, wandte sich Estermann als einziger Offizier förmlich dagegen (wurde aber überstimmt). Später nutzte er seinen höheren Rang für eine endlose Kampagne der Demütigung und Einschüchterung.

Doch Tornay hielt durch, wohl vor allem, weil er unbedingt die nach drei Dienstjahren verliehene Bene merenti-Medaille erhalten wollte. Später fand er heraus, dass ihn Estermann nur deshalb nicht auf die Liste gesetzt hatte, um ihn zu reizen. Tornay drehte durch, schrieb seiner Mutter einen Abschiedsbrief und ging mit seinem Revolver auf die Suche nach Estermann.

Möglicherweise ermittelte Tornay im Auftrag eines vatikanischen Spionagerings gegen das Opus Dei.

Im Namen der Mutter

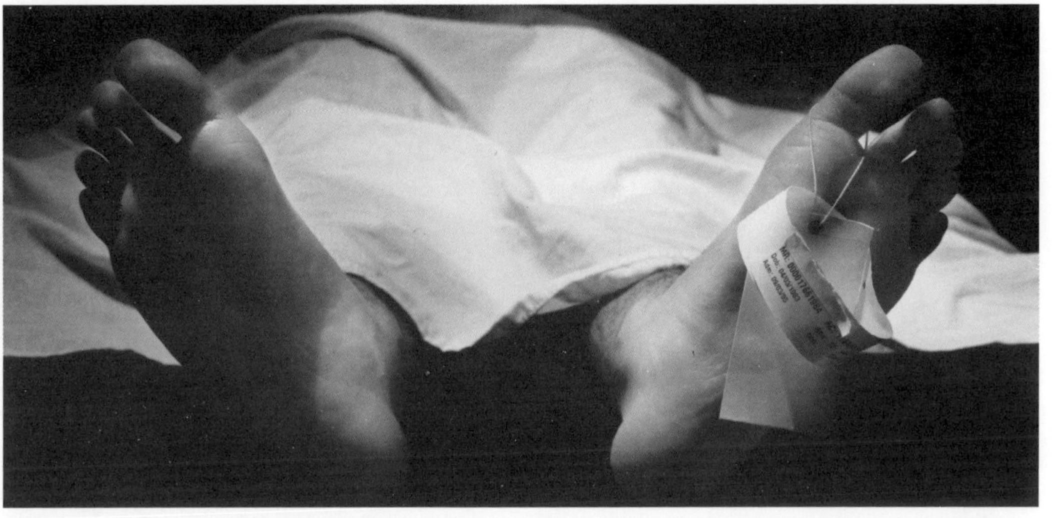

Tornays Mutter sah sich gezwungen, ihren toten Sohn aus dem Leichenschauhaus zu entwenden.

Muguette Baudat, Tornays Mutter, war von einer Vertuschungsaktion überzeugt, und schrieb dies dem Papst. Darauf erhielt sie den Besuch eines Abgesandten, der angeblich ihren Kindern etwas androhte.

Doch diese Drohung konnte sie nicht abschrecken. Sie schmuggelte den Leichnam ihres in die Schweiz überführten Sohnes aus dem Leichenschauhaus und veranlasste eine zweite Autopsie, die einen schockierenden Befund ergab: Die Austrittswunde im Schädel hatte einen Durchmesser von 7 mm, doch Tornays Dienstrevolver war vom Kaliber 9 mm. Die Schneidezähne waren herausgebrochen, so als habe man ihm eine Pistole in den Mund gezwängt und abgefeuert. In der Lunge fand man Blut und Speichel, wahrscheinlich das Ergebnis kräftiger Schläge auf den Kopf, als er noch lebte.

Mit anwaltlicher Hilfe legte Frau Baudat dem Vatikan einen Bericht vor, der die offizielle Darstellung anfocht und eine unabhängige Untersuchung forderte. Da ihre Anwälte jedoch nicht im Vatikan akkreditiert waren, blieb eine Antwort aus.

Tornays „Abschiedsbrief"

Das umstrittenste Beweisstück in diesem Fall ist wohl der an seine Mutter gerichtete „Abschiedsbrief" von Cédric Tornay, der von professionellen Graphologen und Psychologen einhellig als Fälschung gewertet wird. Die Gründe liegen auf der Hand:

- Tornay spricht von seiner Schwester als „Melinda", obwohl er sonst stets ihren Spitznamen „Dada" verwendete.
- Tornay nennt den Papst beim Namen, obwohl er immer vom „Heiligen Vater" sprach.
- Der Brief ist adressiert an Madame Chamorel, obwohl er in all seinen früheren Briefen den Mädchennamen seiner Mutter, Madame Baudat, verwendete. Chamorel ist jedoch der in den vatikanischen Registern erscheinende Name.
- Dann ist da noch eine verhängnisvoll falsche Zahl. Tornay erwähnt, dass er seit „drei Jahren, sechs Monaten und sechs Tagen" im Dienst der Schweizergarde sei. An seinem Todestag wären jedoch drei

Tornays „Abschiedsbrief" ist ein wahres Füllhorn an widersprüchlichen Indizien.

Jahre, fünf Monate und drei Tage korrekt. Manche ziehen daraus den Schluss, dass ein Mord für ein entsprechend späteres Datum geplant war (7. Juni), dann aber wohl kurzfristig vorverlegt wurde.

FÜNFTES KAPITEL

Der verborgene Vatikan

Das letzte Kapitel behandelt jene Teile der vatikanischen Geschichte, die dem Zugriff der Öffentlichkeit verwehrt ist und die weitgehend auf Gerüchten, Bruchstücken und verfallenden Überbleibseln basieren.

Vier vermummte Gestalten der Vatikanischen Geheimarchive halten Wache vor dem Turm der Winde.

Quasi als Beweis für die Möglichkeiten des Vatikans, lästige Indizien zu verbergen, beginnen wir mit einem Blick in die Vatikanischen Geheimarchive, jenem bekanntermaßen unzugänglichen Kirchenmagazin für alle möglichen Unterlagen. Danach skizzieren wir die Verstrickung der Päpste in eine der blutrünstigsten und brutalsten Aktionen aller Zeiten: die Kreuzzüge.

Das Scheitern der Kreuzzüge führte indirekt zur Schreckensherrschaft der Inquisition, der wir uns ebenfalls zuwenden, gefolgt von der Schattenwelt des Exorzismus. Anschließend befassen wir uns mit der Nähe des Vatikans zur NSDAP während der Amtszeit von Papst Pius XII. Weitere Themen sind die Rolle der sektenähnlichen Organisation Opus Dei innerhalb des Vatikans, deren sprunghaft zunehmender Einfluss besorgte Insider veranlasst hat, leicht scherzend von den zahlreichen Tentakeln des „Okt-Opus" zu sprechen.

Abschließend gehen wir Mutmaßungen nach, wonach die Blutlinie Christi durch ein Kind mit Maria Magdalena fortgeschrieben worden sei – eine Theorie, die durch Dan Browns Bestseller „Sakrileg" die Fantasie der Leser beflügelte.

Die Vatikanischen Geheimarchive

Angesichts der Millionen von Dokumenten in mehr als 50 Regalkilometern nimmt es kaum Wunder, dass das *Archivio Segreto Vaticano* immer wieder auf Interesse stößt. Für viele indes ist es das *segreto*, dem sich die Faszination dieser Literaturgewölbe verdankt.

Zutritt zu den Geheimarchiven erhalten nur hartnäckige Forscher, die sich einem langwierigen Antragsverfahren unterziehen. Hierbei sind sie nicht nur gehalten, ihr dringendes Forschungsinteresse zu belegen, sondern müssen die gewünschten Stücke auch konkret benennen – nicht unproblematisch angesichts der enormen Lücken im Schlagwortkatalog. Außerdem ist sämtliches Archivmaterial aus der Zeit vor dem 8. Jahrhundert auf mysteriöse Weise verschwunden – mit den Worten des Vatikans „aus nicht gänzlich bekannten Gründen". Bleibt die Frage: Was ist es denn, das die Kirche unbedingt unter Verschluss halten will?

Angeblich enthielten die Archive anfangs nur offizielle Dokumente, die sich auf die wohlhabendsten Gönner der Kirche bezogen. Viele glauben indes, dass hier auch ketzerische Schriften gelagert wurden, eine Sammlung, die später auch die Bibliotheken von Gruppierungen wie den Katharern und Tempelrittern aufnahm. (Letztere hielten an der Verbindung zwischen der Blutlinie Christi und den fränkischen Merowingern fest, was Dan Brown zu „Sakrileg" inspiriert hat.) Dies mündete 1557 in die Veröffentlichung des offiziellen Verzeichnisses der Verbotenen Bücher.

Ironischerweise führte die Aufbewahrung solcher Schriften unweigerlich dazu, dass sie von den offiziellen Ketzerjägern gelesen wurden, die ihre Feinde besser verstehen wollten, oft indes mit dem Ergebnis, dass sie sich selbst in den geheimen Künsten versuchten – wie man in „Der Name der Rose" von Umberto Eco nachlesen kann.

Was versucht die Kirche in ihren Geheimarchiven eigentlich zu verbergen?

Dieser Brief aus der Feder Michelangelos ist nur einer von zahllosen Kulturschätzen in den Geheimarchiven des Vatikans.

Highlights aus den Archiven

1246
Ein Brief des mongolischen Güyük Khans an Papst Innozenz IV., in dem er die päpstliche Forderung zurückweist, er müsse sich taufen lassen, und friedliche Beziehungen zur Kirche verweigert, bis der Papst dem mongolischen Hof höchstpersönlich die Ehre erweist.

1318
Ein Dokument, das die Gründung der Universität Cambridge durch Papst Johannes XXII. bekannt macht.

1534
Eine Petition im Namen des englischen Königs Heinrichs VIII. bezüglich der päpstlichen Annullierung seiner 24-jährigen Ehe mit Katharina von Aragón, um Anne Boleyn heiraten zu können. Die Legitimität dieses Anliegens wird durch die Siegel von 85 englischen Edelleuten bestätigt, die unten mit roten Bändern befestigt sind – angeblich sprachlich der Ursprung des englischen Begriffs „red tape" (Papierkrieg).

1535
Ein Brief von Papst Paul III. an Michelangelo, den er einleitend als „den Ruhm unseres Jahrhunderts" bezeichnet und in dem er den Künstler auffordert, seine Deckenfresken in der Sixtinischen Kapelle zu vollenden (der Erstauftrag stammte von Pauls Vorgänger, Klemens VII.).

1550
Einer der letzten erhaltenen Briefe von Michelangelo, in dem er sich für die Wächter der Petersbasilika einsetzt, die seit drei Monaten keinen Lohn mehr erhalten haben und ihre Posten zu verlassen drohen. Die eisenhaltige Tinte griff das Papier an, wie zahlreiche winzige Schlitze beweisen.

1633
Handschriftliche Aufzeichnungen über den Inquisitionsprozess gegen Galileo wegen seiner ketzerischen Behauptung, die Erde drehe sich um die Sonne.

1770
Verleihung des päpstlichen Ordens vom Goldenen Sporn an den jungen Mozart für seine Leistungen auf dem Gebiet der Musik.

1797
Friedensvertrag zwischen dem Heiligen Stuhl und der französischen Republik, von Napoleaon persönlich unterzeichnet.

Mit Kardinal Wolsey (im Vordergrund) als engem Verbündeten war Heinrich VIII. ein eifriger Verteiliger des Katholizismus, bis sich der Papst weigerte, seine Ehe mit Katharina von Aragón für nichtig zu erklären.

Zwischen den Zeilen

Der Philosoph Aristoteles, hier bei der Unterweisung des jungen Alexander, soll ein zweites Buch der „Poetik" (über die Komödie) verfasst haben, das sich mutmaßlich in den Geheimarchiven befindet.

Neben bereits bekannte Dokumenten sorgen jene Schriften für Aufregung, über deren Existenz wir nur spekulieren können. Hier einige Sahnestückchen, die womöglich tatsächlich in den Gewölben des Vatikans schlummern.

■ Das legendäre, verloren gegangene zweite Buch von Aristoteles' „Poetik" (über die Komödie), dessen fiktive Version im Zentrum von Umberto Ecos Klosterthriller „Der Name der Rose" steht und dort Grund für diverse Morde ist.

■ Zahllose apokryphe Schriften (vielfach Lehrschriften aus der Feder von Zeitgenossen Jesu), die 382 unter Papst Damasus I. nicht in das „offizielle" Alte und Neue Testament aufgenommen wurden.

■ Der Originaltext der Ansprache von Papst Urban II. auf dem Konzil von Clermont (1095), die Zehntausende schlecht vorbereiteter Kreuzzügler veranlasste, zu den Waffen zu greifen und ins Heilige Land aufzubrechen.

■ Die Bibliotheken der ketzerischen Katharer, die durchaus Dokumente über die angebliche Verbindung zwischen Jesus und Maria Magdalena enthalten können; manche sagen, die Katharer seien bekämpft worden, weil sie dieses Geheimnis zu wahren versuchten.

■ Indizien für inoffiziell vom Vatikan gebilligte Foltermethoden der Päpstlichen und Spanischen Inquisition, einschließlich der Anwendung von Kopfschrauben und einer perfiden Vorrichtung zum mechanischen Ausweiden.

■ Ketzerische gnostische Schriften, darunter auch Texte der Orphiten (die Luzifer als „Lichtbringer" und die Schlange als Wissensquell verehrten) und der Borboriten (die dem Gerücht nach abgetriebene Föten aßen und Menschenblut tranken).

■ Geheime Belege für obskure vatikanische Aktivitäten seit Beginn des Christentums, von Ritualmord und Teufelsanbetung bis zum jüngeren Streit um pädophile Priester.

■ Das wahre Dritte Geheimnis von Fatima. Die veröffentliche Version (eine langatmige religiöse Allegorie) erwies sich als weitaus zahmer als von der Kurie zunächst angedeutet, weshalb viele glauben, dass die eigentliche Prophezeiung weiterhin unter Verschluss ist.

■ Der offizielle Bericht über die Autopsie von Papst Johannes Paul I. – womöglich das einzige Dokument, das die weit verbreitete Theorie bestätigen kann, wonach er nur 33 Tage nach Amtsantritt an einer Digitalisvergiftung starb.

■ Detaillierte Berichte über diverse vatikanische Exorzismen in sämtlichen Epochen – darunter auch einer, den Papst Johannes Paul II. 1982 angeblich vorgenommen hat.

Die Geschichte der Archive

Selbst die übereifrigsten Hamster sind nichts gegen die Päpste, die seit jeher fast jeden Papierschnipsel aufbewahrten. Die überwiegende Mehrheit dieses Materials wurde zunächst einfach an den nächsten Papst weitergegeben, bis die Sammlung im Jahr 649 in den Gewölben des römischen Lateranpalasts eine erste offizielle Heimat fand. Im 11. Jahrhundert wurden die Bestände in ein Archiv an den Hängen des Palatin umquartiert, als viele der ältesten Papyri bereits zerfielen.

Heute ist der Mons Palatinus, einer der sieben Hügel Roms, nur mehr eine Ruinenstätte, doch einst waren hier die frühen vatikanischen Archive untergebracht.

Im Mittelalter erfuhren die Archive eine beträchtliche Entwertung durch zahlreiche Umzüge, 1245 in ein Kloster nach Cluny, dann nach Perugia, Assisi und schließlich Avignon, wo sie über 100 Jahre verblieben. Erst unter Papst Martin V. (1427–1431) begann ein gewaltiges Rückführungsunternehmen mit Booten und Fuhrwerken, durch dessen Unzulänglichkeiten zahlreiche Dokumente verloren gingen oder ruiniert wurden.

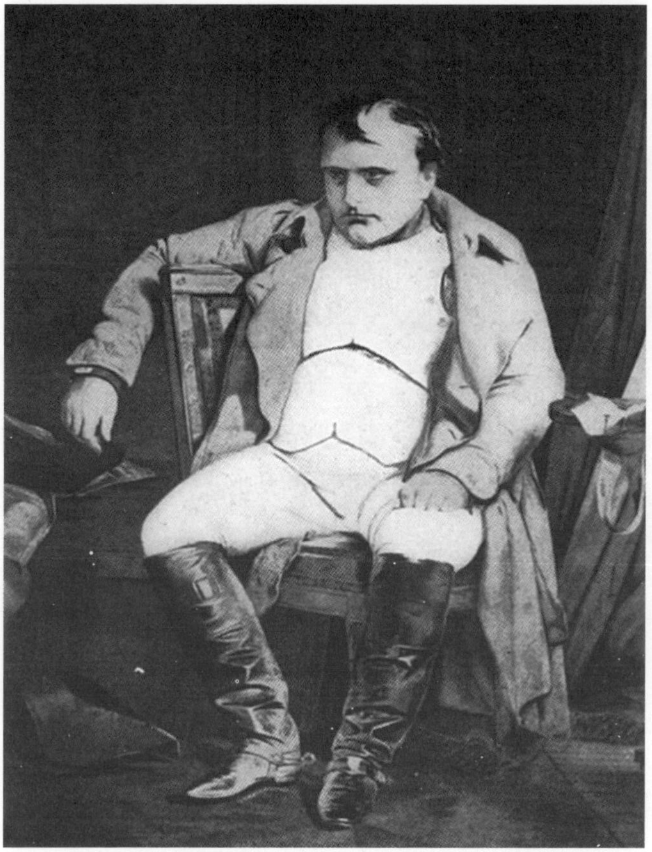

Es dauerte drei Jahre, bis das gesamte Archiv auf Befehl Napoleons nach Frankreich gebracht war. Vor allem auf dem späteren Rücktransport ging vieles verloren.

Inzwischen war klar geworden, dass eine weitere Auflösung des schriftlichen Kirchenerbes systematisch verhindert werden musste. Den ersten Versuch einer Katalogisierung unternahm man während der Herrschaft von Innozenz II. (1198–1216), der die Vatikanischen Register für die wichtigsten Papstschreiben ersann. Offiziell wurde die Vatikanische Bibliothek von Nikolaus V. (1447–1455) gegründet. Sixtus V. (1585–1590) unterteilte die Geheimarchive in 80 einzelne Abteilungen, die sogenannten Armariae. Die Gliederung gilt bis heute.

Trotz alledem stand der Sammlung noch eine letzte Reise bevor – wohl die verhängnisvollste ihrer gesamten Geschichte.

Napoleon, der mit seinen Truppen Rom besetzt hatte, ließ die gesamte Vatikanische Bibliothek innerhalb von drei Jahren in 3239 Kisten nach Frankreich bringen. Nach seiner Niederlage 1814 begann die allmähliche Rückführung, wobei allerdings so viele Pferdewagen in Flüsse oder Schluchten stürzten, dass nur 2200 Kisten zurück nach Rom gelangten.

Um Worte verlegen, oder „Wie kommt man hinein?"

Leo XIII. war der erste Papst, der die Vatikanischen Geheimarchive öffentlich zugänglich machte – oder zumindest teilweise, denn ein Großteil des Bestandes ist bis heute hinter Schloss und Riegel.

2005 drohte eine jüdische Gruppierung damit, den Vatikan zu verklagen, da man ihr die Einsicht in Kriegsdokumente verweigerte. Ihrer Vermutung nach enthielten sie die Namen von jüdischen Kindern, die während des Zweiten Weltkriegs katholisch getauft und zu ihrem eigenen Schutz von ihren Familien getrennt wurden.

Es war nicht die Forderung als solche, sondern der Zeitpunkt, der dem Vatikan Probleme bereitete. Als Papst Leo XIII. am 1. Januar 1881 die Geheimarchive erstmals zugänglich machte, bezog sich dies zunächst nur auf die Amtszeit von Paul V. (1605–1621). Danach wurden weitere Teile geöffnet, jedoch nie gleichzeitig, wobei der jeweilige Papst die zu einem seiner Vorgänger gehörenden Dokumente vorbereitete.

Anfang 2006 etwa machte Benedikt XVI. die Schriften aus der Amtszeit von Pius XI. (1922–1939) verfügbar. Die fraglichen Kriegsdokumente fallen jedoch in das Pontifikat von dessen Nachfolger, Pius XII., und werden daher bis auf Weiteres nicht einsehbar sein.

Pater Sergio Pagano, der Präfekt der Geheimarchive, maß dem jüdischen Gesuch wenig Bedeutung bei. Er sagte: Wenn „Dokumente eingesehen werden können, tauchen jene, die interessiert schienen, gar nicht auf, oder allenfalls vorwiegend als Touristen".

Auch zeigte er sich überrascht, dass nur wenige Gelehrte die jüngste Ausstellung über die Bemühungen des Vatikans bei der Unterstützung von Kriegsgefangenen im Zweiten Weltkrieg besucht haben – doch hier besteht nun wirklich kein Grund zur Geheimhaltung.

Der Präfekt der Geheimarchive maß dem jüdischen Gesuch wenig Bedeutung bei.

Kirche und Kreuzzüge

Wie so oft bei folgenreichen Reden nutzte auch Papst Urban II. 1095 auf dem Konzil von Clermont die weitverbreitete Empörung, um die Menschen zum Handeln aufzurufen. Eher die Ausnahme war indes, dass sie zu einem der finstersten Kapitel der gesamten Weltgeschichte führte.

Der päpstliche Ruf zu den Waffen zeigte eine unerwartet starke Wirkung.

Die Vorgeschichte von Clermont reicht zurück in das Jahr 638, als Jerusalem von muslimischen Sarazenen unter Führung von Kalif Omar, einem Weggefährten des Propheten Mohammed, überrannt wurde. Doch erst als Kalif al-Hakim 1009 die Grabeskirche belagerte (mithin jenen Ort, an dem Jesus der Überlieferung nach gekreuzigt und bestattet wurde), sann die Kirche definitiv auf Rache.

Die Voraussetzungen für die Kreuzzüge schuf Papst Gregor VII., dessen ideeller Sieg über Heinrich IV. (1077) der Kirche die Befehlsgewalt über eine große Streitmacht garantierte, falls sie jemals in einen „heiligen" Krieg ziehen sollte.

Als der byzantinische Kaiser Alexios I. 1095 um Unterstützung gegen marodierende türkische Seldschuken ersuchte, beschloss Papst Urban II., dass die Zeit dafür reif sei.

„Diese königliche Stadt", erklärte er, „gelegen in der Mitte der Erde, ist nun in der Hand der Feinde Christi und wird von jenen, die Gott nicht kennen, der Anbetung des Heidnischen unterworfen ... Unternehmt diese Reise tatkräftig zur Vergebung eurer Sünden in der Gewissheit, im Himmelreich mit unvergänglichem Ruhm belohnt zu werden."

Nachdem sie die gewagte Behauptung vernommen hatten, die schlichte Teilnahme an den Kreuzzügen werde dem Krieger automatisch die Vergebung aller Sünden des Diesseits und einen Platz im Himmelreich garantieren, soll die Menge mit einem leidenschaftlichen „Deus lo vult" (Gott will es) geantwortet haben.

Die Kunde verbreitete sich, und allmählich fanden sich ebenso viele Bauern wie gut ausgebildete Ritter zusammen, ja sogar Mönche und Frauen. Die Welt sollte bald für die Ambitionen von Urban II. bezahlen.

Im Westen folgte man Urbans Ruf zu den Waffen zahlreich, und bald begann der 1. Kreuzzug.

Der glücklose Eremit

Die erste Welle heiliger Krieger war keine offizielle Streitmacht aus Kreuzzüglern, sondern eine bunte Mischung aus unorganisierten, weitgehend unbewaffneten Bauern. Angeführt wurden sie von einem Priester, Peter von Amiens („der Eremit" genannt, oder Petrus Eremitra), der einige Jahre zuvor auf einer Pilgerfahrt nach Jerusalem von Türken gefangen genommen, gefoltert und zur Rückkehr gezwungen worden war.

Sein „Volkskreuzzug" begann im April 1096 und traf drei Monate später in Konstantinopel ein. Doch er war alles andere als willkommen: Vor allem, weil die echten Kreuzfahrer in wenigen Wochen eintreffen würden, wollte Alexios nicht für die Versorgung des Bauernheers aufkommen und wies Peters Truppe an, jenseits des Bosporus auf weitere Befehle zu warten.

Die Fremden waren indes so unklug, auf türkisches Territorium vorzurücken, wo sie von den haushoch überlegenen Seldschuken zu Tausenden abgeschlachtet wurden. Als die versprengten Reste des Volkskreuzzugs ins sichere Konstantinopel zurückgekehrt waren, hatten sie gewiss schon bis zu 20000 Opfer zu beklagen.

Etwa zur gleichen Zeit zogen rund 10000 deutsche Kreuzfahrer von Köln durch das Rheintal und den Main hinauf bis zur Donau, um unterwegs wahllos zu plündern, zu foltern und zu morden. Ihren brutalen Eifer richteten sie vor allem gegen die Juden, die man für den Kreuzes-

Peter von Amiens reiste kreuz und quer durch Europa, um die Bauern zur Teilnahme an seinem inoffiziellen „Volkskreuzzug" aufzurufen, der in einer blutigen Niederlage endete.

tod Christi verantwortlich machte und die eine leichtere Beute darstellten als die Muslime in dem fernen Land.

Da sich die Kunde von dem schrecklichen Gemetzel rasch verbreitete, begingen zahllose Juden Selbstmord, um nicht zwischen dem Tod durch die Kreuzfahrer und der Zwangsbekehrung wählen zu müssen. In Speyer, Mainz und Worms wurde die jüdische Bevölkerung gänzlich vernichtet. Der Deutsche Kreuzzug ging so als das allererste Beispiel für ein antisemitisches Pogrom in die Geschichte ein.

Dein Wille geschehe?

Der echte 1. Kreuzzug traf im Dezember 1096 in Konstantinopel ein, drei Monate nach dem gescheiterten Volkskreuzzug. Dieser „Kreuzzug des Adels" war schon eher eine ernst zu nehmende Streitmacht mit ausgebildeten Kämpfern, die das Byzantinische Reich tatsächlich rasch zurückeroberten.

Kaiser Alexios war wegen der übermotivierten Kreuzfahrer in Sorge und akzeptierte heimlich die Kapitulation der wichtigen Stadt Nikaia (Nicäa), um sie unter byzantinische Herrschaft zu bringen. Nachdem sie neue Kraft geschöpft und die Überlebenden des Volkskreuzzugs, darunter auch Peter von Amiens, aufgenommen hatten, brachen die Kämpfer zu dem langen und höchst beschwerlichen Marsch gen Jerusalem auf. Ein Ritter, Stephan von Blois, vermutet in einem Brief, dass die Reise fünf Wochen dauern werde. Doch man benötigte über zwei Jahre. Viele Männer und Pferde starben an Hunger, Hitze und Krankheit. Vereinzelt wird sogar von Kannibalismus berichtet.

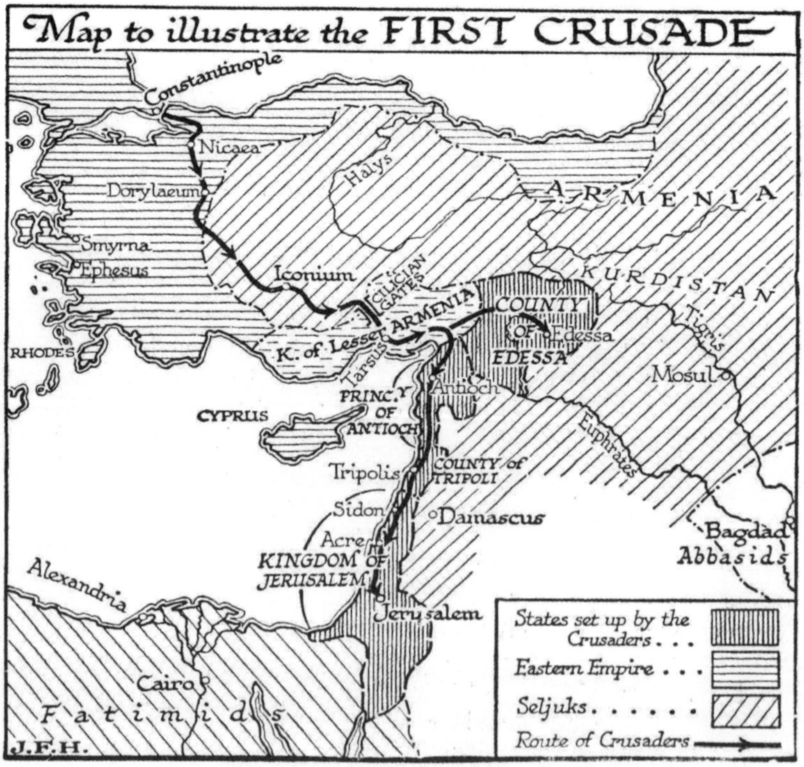

Die letzte, von Konstantinopel nach Jerusalem führende Etappe des 1. Kreuzzugs, für die man mehr als zwei Jahre benötigte.

Die Kreuzfahrer erstürmen die Mauern von Jerusalem mit dem Ziel, alles und jeden zu töten.

Als die Kreuzfahrer am 7. Mai 1099 endlich in Jerusalem eintrafen, begingen sie eines der schlimmsten Massaker aller Zeiten. Nachdem sie die Außenmauern überwunden hatten, zogen sie, angeblich Hymnen singend, durch die Stadt, um Männer, Frauen und Kinder ohne Ansehen ihrer Religion abzuschlachten – auch Juden und orthodoxe Christen.

Die Geschichten von Kreuzfahrern, die knöcheltief in Blut stehen und Körper aufschneiden, um verschlucktes Gold zu finden, erinnern an die drastischsten Darstellungen der Apokalypse aus der Offenbarung des Johannes. Ungeachtet schwerer Verluste in den eigenen Reihen (von den rund 7000 Kämpfern dürften nur 1500 überhaupt bis Jerusalem gekommen sein, geschweige denn die Belagerung überlebt haben) sorgte die dramatische Rückeroberung der Heiligen Stadt dafür, dass der 1. Kreuzzug als überwältigender Sieg in die Geschichte einging und die Grundstimmung auf beiden Seiten mehr als ein Jahrhundert lang prägen sollte.

Ketzer vor der eigenen Haustür

Der epochale Erfolg des 1. Kreuzzugs führte zu der tiefen Überzeugung, dass dies der beste Weg sei, eine christliche Welt zu begründen. Das folgende Jahrhundert erlebte nicht weniger als acht weitere Kreuzzüge (ganz zu schweigen von den beiden sagenumwobenen Kinderkreuzzügen), wenn man die beiden vorzeitig abgebrochenen Unternehmungen mitzählt. Der Ehrgeiz wurde noch gesteigert, nachdem Sultan Saladin Jerusalem 1187 zurückerobern konnte. Trotz gelegentlicher Siege, wie der Einnahme des ägyptischen Damiette während des nicht nummerierten 5. Kreuzzugs im Jahr 1219, hatte keiner mehr die anfängliche Dynamik des 1. Kreuzzugs erreichen können, sodass sie bald nicht viel mehr waren als von den gekrönten europäischen Häuptern unternommene Übungen in weltlicher Expansion.

Als der ausbleibende Erfolg der Kreuzzüge im 13. Jahrhunderts schmerzlich deutlich wurde, richtete die Kirche ihren Zorn gegen Ketzer in ihrer Nähe und kämpfte in den Albigenserkriegen (nach der südfranzösischen Stadt Albi) gegen die sektiererischen Katharer.

Am 22. Juli 1209 wurde die gesamte Bevölkerung der südfranzösischen Küstenstadt Béziers abgemetzelt (bis zu 20 000 Männer, Frauen und Kinder), obwohl hier nicht mehr als 500 Katharer lebten. Auf die Frage eines besorgten Kreuzfahrers, wie man die Feinde von den gewöhnlichen Bürgern unterscheiden könne, soll der päpstliche Legat Arnaud-Amaury geantwortet haben: „Tötet sie alle; der Herr weiß, welche die Seinen sind."

Am 22. Juli 1209 wurden alle 20 000 Bewohner von Béziers umgebracht, obwohl in der Stadt nicht mehr als 500 Katharer lebten.

Zahlreiche Mythen umranken den Kinderkreuzzug von 1212. Manche sagen, dass er seinen Anfang nahm, nachdem Jesus einem Jungen erschienen war und ihn anwies, zu den Waffen zu greifen und gegen den Feind im Heiligen Land vorzurücken. Auf seinem Weg zum Mittelmeer soll es dem Knaben Nikolaus aus Köln gelungen sein, ein Heer aus Tausenden Kindern um sich zu scharen. Doch der Kinderkreuzzug endete in einer Katastrophe, da die meisten jungen Krieger bereits umgekommen waren, bevor sie überhaupt das Meer bei Genua erreicht hatten, oder nach der Ankunft auf Boote verschleppt wurden, um an fremden Küsten als Sklaven verkauft zu werden.

In gutem Glauben: die Inquisition

Die heutige Römische Glaubenskongregation hatte nicht immer einen so harmlos klingenden Namen. Bei ihrer Gründung 1542 war sie als Oberste Heilige Kongregation der Römischen und Universalen Inquisition bekannt – ein Name, der Millionen Herzen mit Angst erfüllte.

Die Inquisition lässt sich auf den Kreuzzug gegen die Albigenser mit seiner rücksichtslosen Ausmerzung der französischen Katharer zwischen 1209 und 1229 zurückführen, einen neuartigen heiligen Krieg, der einen der schmachvollsten Akte in der Geschichte des Vatikans einläutete.

Das von Papst Innozenz III. 1214 einberufene 4. Laterankonzil verlangte von Juden und Muslimen das Tragen von Abzeichen, um sie von Christen unterscheiden zu können. Festgeschrieben wurde auch die offizielle Haltung gegenüber den Ketzern. Wer einen Ketzer bei sich aufnahm, sollte die gleiche Strafe erhalten wie dieser selbst. Ketzer, die nicht bereuten oder rückfällig wurden, sollten noch strenger bestraft werden, von der Einziehung des Familienbesitzes bis zur Todesstrafe.

Diese Ideologie basierte weitgehend auf dem alttestamentarischen „Auge um Auge"-Prinzip. Im Buch Deuteronomium 13,16 heißt es: Wenn manche durch andere Götter in die Irre geleitet werden, „dann sollst du die Bürger dieser Stadt mit scharfem Schwert erschlagen, du sollst an der Stadt und an allem, was darin lebt, auch am Vieh, mit scharfem Schwert die Vernichtungsweihe vollstrecken." Als die Inquisition 1231 durch Papst Gregor IX. offiziell begründet wurde, dienten solche Ideen als Vorbild und Rechtfertigung für die brutalen Verfolgungen.

Juden und Muslime mussten Abzeichen tragen, damit man sie von Christen unterscheiden konnte.

Gegen „falsche Christen" führte der Vatikan einen ebenso beharrlichen wie barbarischen Kampf, wie dieses historisierende Gemälde aus dem Jahr 1893 bezeugt.

Die kirchliche Inquisition

Die Ära der kirchlichen Inquisition bedeutete wahrscheinlich den moralischen Tiefpunkt in der gesamten Geschichte des Vatikans.

Im Zentrum sämtlicher Ketzerprozesse stand als Verantwortlicher der Großinquisitor. Von einem Sprengel zum nächsten reisend, prangerte er das Ketzertum an und ließ „Glaubensedikte" aushängen, die die Einheimischen informierten, wie man Anzeichen der Ketzerei an sich selbst oder anderen erkennt.

Dem folgte eine ein- bis vierwöchige „Gnadenfrist", in der freiwillige Geständnisse mit begrenzten Strafen vergolten wurden. Jeder, der bis dahin nicht gestanden hatte, lief Gefahr, denunziert zu werden. Mürrische Arbeiter beschuldigten ihre Vorgesetzten, Eheleute konnten einander anschwärzen, und sogar der Aussage überführter Straftäter (und Ketzer) schenkte man Glauben, wenn es nur dazu diente, den Unglauben und heidnische Bräuche auszurotten.

Dies hatte eine überaus paranoide Atmosphäre zur Folge. Für ein Strafverfahren bedurfte es lediglich der Aussage zweier Zeugen, deren Namen der Beschuldigte nie erfuhr und wogegen er sich folglich schwer verteidigen konnte.

Wer frühzeitig gestand, kam mit einer leichteren Strafe davon, etwa mit einer Geldbuße oder einer auferlegten Pilgerfahrt (die man übrigens auch delegieren konnte).

Rückfällige oder Widerspenstige indes erhielten die schwersten Strafen, von der kirchlichen Beschlagnahme ihres weltlichen Eigentums bis zum Feuertod auf dem Scheiterhaufen. Da diese Methode unblutig war, wertete man sie als theologisch gerechtfertigte Form der Hinrichtung. Gleiches galt für die kirchlich bevorzugten Foltermethoden, beispielsweise mit Wasser und glühenden Kohlen, sowie Knochenbrüche.

Heute geht man davon aus, dass bei einem Drittel aller Inquisitionsprozesse Folter zum Einsatz kam.

Beliebte Folterinstrumente waren die Wasser und glühende Kohle.

Die spanische Inquisition

Während das Foltern hinter verschlossenen Türen stattfand, waren die Hinrichtungen ein gesellschaftliches Ereignis ersten Ranges. Den Höhepunkt bildete das zeremonielle „Autodafé" (Glaubensakt) der spanischen Inquisition. In Sevilla gab es 1660 ein Autodafé, das drei Tage lang gedauert und über 100 000 Schaulustige angezogen haben soll.

Geständnisse erpresste man mit stets grausamen und mitunter auch ungewöhnlichen Methoden, die zumindest aus heutiger Sicht von einer extrem krankhaften Fantasie zeugen.

Die von der kirchlichen Inquisition aufgestellten Rekorde der religiösen Einschüchterung und Verfolgung wurden von der Spanischen Inquisition in fast jeder Hinsicht deutlich übertroffen. Begründet wurde sie 1480 von König Ferdinand und Königin Isabella, um alle falschen Christen (vor allem Juden und Muslime) zu vertreiben.

Unrealistisch war dieses Ziel nicht: Der bekannte Großinquisitor Tomás de Torquemada ließ bis 1492 alle nicht reuigen Juden aus Spanien vertreiben (50 000 konvertierten, folglich müssen 100 000 bis 200 000 geflohen sein). Bis 1615 verließen bis zu drei Millionen Muslime das Land.

Die Gründlichkeit der spanischen Inquisition wurde nur noch von ihrer Härte übertroffen. Die Streckbank kam regelmäßig zum Einsatz, so auch die Wasserfolter und das Ausrenken der Arme durch Hochziehen des Opfers an den hinter dem Rücken gefesselten Handgelenken.

Auf dem Scheiterhaufen erhielt der Verurteilte eine letzte Chance zum Widerruf. Falls er es tat, wurde er erdrosselt, bevor man das Feuer entzündete. Wer standhaft blieb, wurde bei lebendigem Leibe verbrannt. Und wenn jemand lauthals an seiner Überzeugung festhielt, benutzte man bisweilen schlecht brennendes grünes Holz, um den Vorgang zu verlängern und qualvoller zu gestalten.

Nicht weniger erschütternd war die weit verbreitete Praxis, die Leichen der posthum Verurteilten zu exhumieren und zu verbrennen, damit die Kirche den Familienbesitz konfiszieren konnte. Das alles klingt ganz nach mittelalterlicher Barbarei, doch derartige Praktiken hatten Bestand, bis die spanische Inquisition 1834 offiziell beendet wurde. Bis dahin hatte man rund 150 000 Menschen den Prozess gemacht, der für 3000 bis 5000 von ihnen mit dem Tod geendet haben dürfte.

Perfider Gnadenakt: Vor dem Verbrennen wird das unglückliche Opfer erdrosselt, um ihm dem schmerzvollen Feuertod zu ersparen.

Bewegte Welt: die Affäre Galilei

Seine „ketzerische" Theorie, wonach sich die Erde um die Sonne drehe, brachte Galilei zweimal auf die Anklagebank. Beim zweiten Mal widerrief er, um Folter und Hinrichtung zu entgehen.

Galileo Galilei ist vermutlich das prominenteste Opfer der kirchlichen Inquisition. Weniger bekannt dürfte sein, dass die Kirche ihn zunächst als Meister der „Naturphilosophie" (heute würde man von Naturwissenschaften sprechen) achtete, bevor seine Experimente mit Teleskopen aus dem Jahr 1609 einen enormen Konflikt heraufbeschworen.

Die Entdeckung von Sonnenflecken und Mondkratern, wie er sie in seinem Buch „Der Sternenbote" beschrieb, war gewiss für seine Zeitgenossen revolutionär, doch sie verstieß nicht gegen die damals in der katholischen Kirche weitverbreiteten aristotelischen Vorstellungen. Viel mehr Probleme bereiteten allerdings seine späteren Erkenntnisse, denn Galilei befürwortete die Theorie des Kopernikus, wonach sich die Erde um die Sonne dreht, während nach der Bibel die Erde im Zentrum des Universums stand. Als rein mathematisches Modell wurde das Kopernikanische Weltsystem jedoch geduldet. 1616 wurde Galilei ermahnt, das Kopernikanische System nur als Hypothese zu behandeln. Er hielt sich daran. Doch als 1632 sein „Dialog über die zwei wichtigsten Weltsysteme, das Ptolemäische und das Kopernikanische" erschien, musst er in Florenz vor der Inquisition erscheinen.

Man zwang Galilei festzustellen, dass die Vorstellung einer festen Sonne „philosophisch absurd und formell ketzerisch" und die einer kreisenden Erde „irrig im Glauben" sei. Das anstößige Buch wurde verboten (wie all seine anderen Schriften, auch die künftigen). Das auf lebenslängliche Haft lautende Urteil wurde später in Hausarrest umgewandelt. Knapp zehn Jahre später starb Galilei in seiner Villa in Arcetri. Die Prozessprotokolle liegen bis heute in den Vatikanischen Geheimarchiven.

Tanz mit dem Teufel

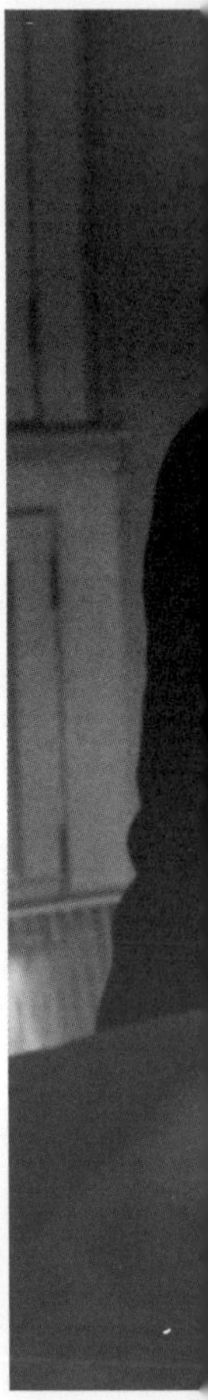

Wer Exorzismus allein aus reißerischen Hollywoodstreifen kennt, könnte meinen, er sei höchstens früher einmal ein heikles Thema gewesen, das der Vatikan nicht kommentieren wolle. Doch tatsächlich ist der Exorzismus ein bis heute aktuelles, nicht unbedeutendes kirchlichen Thema.

In der Tat ist er ein solch bedeutendes Anliegen, dass die wichtigste päpstliche Hochschule in Rom jüngst einen zweimonatigen Lehrgang für Exorzismus anbot. Und mit ihrem Porträt dieser traditionsreichen Praxis liegen die Kinofilme gar nicht so weit neben der Realität. Nicht wenige katholische Priester meinen, dass *Der Exorzist* (1973) eine präzise Darstellung des an einem Mädchen vollzogenen Exorzismus bietet.

Bestätigt wird dies anscheinend auch durch das einschlägige, 84-seitige Handbuch „Von Exorzismen und gewissen Bittgebeten". Das Buch verweist auf die lange Tradition dieser Praxis, wenngleich es 1998 erstmals seit 400 Jahren aktualisiert wurde, etwa um Hinweise auf „Geruch" und „Farbe" des Teufels zu entfernen, den man nun als gestaltlos ansieht.

Zuerst muss der Exorzist Gott bitten, im Namen der Seele des Besessenen einzugreifen (Bittformel). Falls nichts geschieht, muss er selbst versuchen, den oder die Dämonen gewaltsam zu entfernen (Befehlsformel). Dies geschieht durch eine Mischung aus Gebeten, Segnungen und Beschwörungen, allesamt in Lateinisch, durchsetzt mit Fragmenten älterer Übersetzungen nach Art von „Hinfort, schreckliches Geschöpf, weiche, du Ungeheuer, weiche vor Christus ..."

Dem Priester wird geraten, sich ganz auf seine Aufgabe zu konzentrieren und sich nicht durch dämonisches Gefasel ablenken zu lassen, denn bei dem Dämon könnte es sich schließlich um Satan persönlich handeln; in diesem Fall müsse man auf einen langwierigen, beschwerlichen Prozess gefasst sein.

Unter den zahllosen katholischen Exorzisten gibt es einen, der alle überragt:

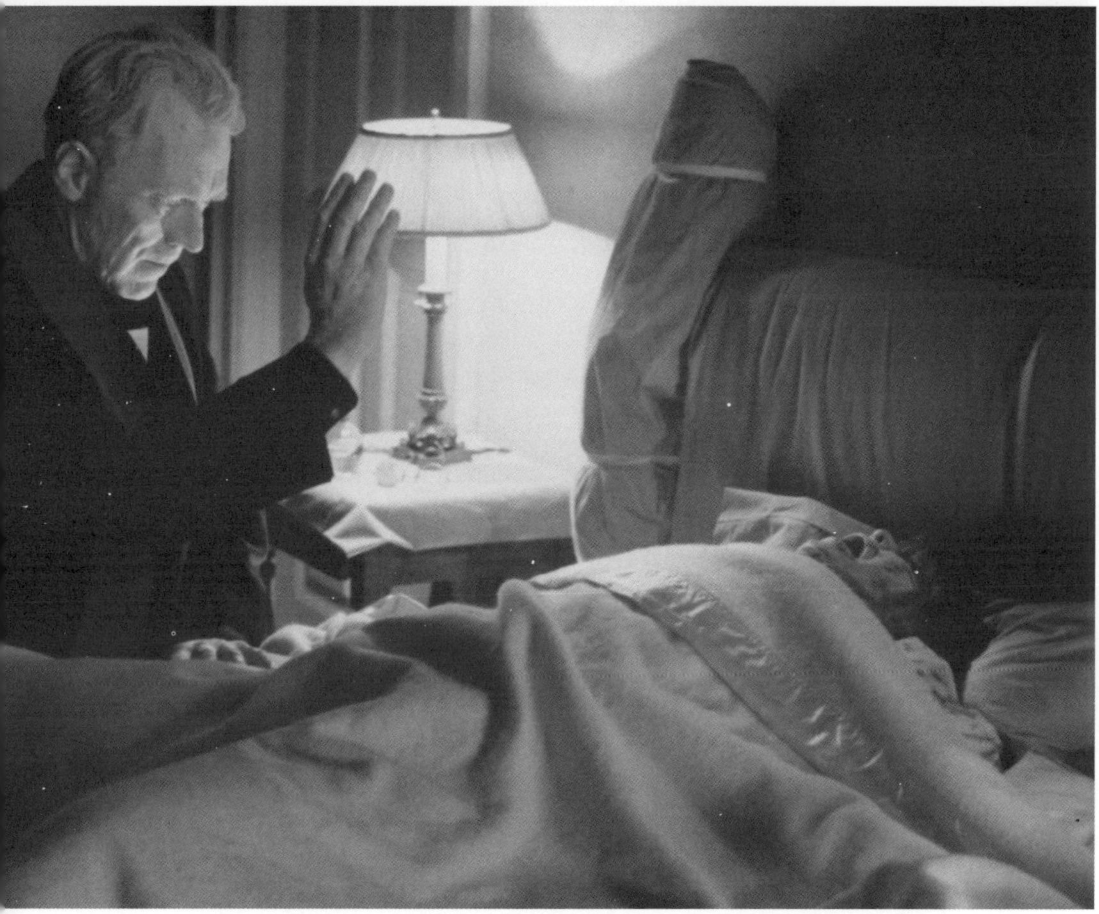

Szene aus dem Horrorfilm Der Exorzist. *Die Darstellung soll nach Bekunden von Experten ziemlich realitätsnah sein.*

Pater Gabriele Amorth. Als oberster Exorzist des Vatikans will er mehr als 50000 Exorzismen durchgeführt haben (die jeweils wenige Minuten bis mehrere Tage dauerten) und wird täglich von scheinbar Besessenen aus aller Welt aufgesucht. Berühmt ist seine Behauptung, Hitler wie Stalin seien vom Teufel besessen gewesen und Papst Pius XII. habe einmal einen Fernexorzismus an Hitler versucht – wegen der begrenzten Reichweite der Zeremonie leider ohne Erfolg.

Berühmte Exorzismen

William Perry (1620)

Nach eigenem Bekunden von einem alten Weib verflucht, erlitt der junge Engländer William Perry derart heftige Anfälle, dass man vier Männer brauchte, um ihn festzuhalten. Perry erbrach Nadeln, Wolle und Federn. Worte aus dem Evangelium ließen ihn in Ohnmacht fallen. Man rief einen katholischen Priester, der einen erfolglosen Exorzismus unternahm. Später entlarvte ihn der Bischof von Lichfield: Er las Perry aus dem Evangelium vor, doch auf Griechisch. Perry reagierte nicht wie gewohnt, obwohl der Teufel alle Sprachen versteht. Danach ertappte man Perry bei dem Versuch, seinen Urin mit schwarzer Tinte zu färben. Daraufhin legte ein umfassendes Geständnis ab.

Robbie (1949)

Der nur als „Robbie" bekannte 14-Jährige zeigte nach einigen okkulten Spielereien die ersten Symptome starker Besessenheit. Aus dem Inneren der Wände ertönten Kratzgeräusche, Gegenstände torkelten in unerklärlicher Weise durchs Zimmer, und ein örtlicher Priester beobachtete gar, dass Robbie in der Luft zu schweben begann. Man rief zwei höhere Priester. Sie versuchten einen langen, umständlichen Exorzismus, bei dem sich der Junge mehrmals übergab, auf Lateinisch brabbelte und unerklärliche Schnittwunden und Hautrötungen zeigte, die einzelne Wörter und Symbole darstellten. William Peter Blatty, ein junger Student an der Georgetown University, las in jenem Jahr einen entsprechenden Bericht in der Washington Post, der ihn 20 Jahre später zu seinem Horrorroman „Der Exorzist" inspirierte.

Anneliese Michel (1976)

Dass sie seit mehr als zehn Jahren an psychischen Störungen litt, schrieb die fromme deutsche Katholikin der Besessenheit zu, kehrte ihren Ärzten den Rücken und bat die Kirche um einen Exorzismus, der ihr schließlich auch gewährt wurde. Man teilte ihr mit, dass sie gleich von sechs Dämonen besessen sei: von Luzifer, Kain, Nero, Judas, Hitler und einem wahnsinnigen Priester aus dem 17. Jahrhundert. Sie starb nach einer ihrer wöchentlichen Sitzungen mit den Pfarrern Ernst Alt und Arnold Renz. Beide und auch Annelieses Eltern wurden wegen Totschlags angeklagt (und erhielten Bewährungsstrafen). Auf Tonbändern, die während des Verfahrens abgespielt wurden, konnte man laut Verteidigung hören, wie sich Dämonen während des Exorzismus stritten. Für den Spielfilm *Der Exorzismus von Emily Rose* (2005) verlegte man den Ort der Handlung nach Amerika.

Mutter Teresa (1997)

Bereits auf dem Totenbett liegend, wurde Mutter Teresa, der „Engel der Armen", von Seh- und Schlafstörungen gepeinigt. In der Sorge, dass sie „von Satan bedrängt" werde, ließ Henry D'Souza, Erzbischof von Kalkutta, über ihrem gebrechlichen Körper einen rudimentären Exorzismus vollziehen. Viele werteten dies als übereilt und unnötig. Wie D'Souza später behauptete, habe es sich um ein bloßes „Schutzgebet" gehandelt, dem sie selbst zugestimmt habe, und nicht um einen vollständigen rituellen Exorzismus im traditionellen Sinn.

Dem Gerücht nach war sogar die fromme Mutter Teresa auf dem Totenbett nicht vor dem Satan gefeit.

Als der Teufel in den Vatikan kam

An einem Nachmittag im September 2000 wurde das ehrfürchtige Raunen, das gewöhnlich den Auftritt des Papstes begleitet, durch einen gellenden Schrei jäh unterbrochen. Am Rand der Menschenmenge rief ein 19-jähriges italienisches Mädchen Johannes Paul II. Obszönitäten zu – wie es hieß, mit einer „kehligen Stimme". Als Sicherheitsbeamte versuchten, sie festzuhalten, konnte sie diese angeblich mit übermenschlicher Kraft abschütteln.

Der Papst bat darum, man möge das Mädchen zu ihm bringen. Überzeugt davon, dass sie von dämonischen Mächten besessen sei, vollzog er einen improvisierten Exorzismus. Später drang durch, dass Pater Gabriele Amorth, Exorzist der Diözese Rom, tags zuvor an genau diesem Mädchen einen erfolglosen Exorzismus durchgeführt hatte. Am Tag darauf sollte er dies wiederholen, nachdem auch die improvisierten Bemühungen des Papstes keinen Erfolg gebracht hatten. Wie Amorth später berichtete, habe der Dämon nach seinem zweiten Exorzismus gehöhnt: „Nicht einmal der Oberste eurer Kirche kann mich fortschicken!" Dies war auch nicht der erste Exorzismus von Johannes Paul II.

Petersplatz, September 2000: Ein fürchterlicher Schrei erschüttert die friedliche Andacht während der Messe.

Bereits 1982 hatte er sich zusammen mit einer Frau eingesperrt, die sich schreiend am Boden wand, als man sie zu ihm brachte. Anfangs auf heftigen Widerstand stoßend, konnte er den Dämon schließlich doch vertreiben, indem er ankündigte, in der Messe am folgenden Tag für die Seele des Mädchens zu beten.

Der Vatikan und die Nazis

Neue Indizien, die man in den Vatikanischen Geheimarchiven entdeckt hat, weisen darauf hin, dass Papst Pius XII. – zuvor unter seinem bürgerlichen Namen Eugenio Pacelli ein einflussreicher Diplomat des Vatikans – den Aufstieg Hitlers womöglich stärker begünstigt hat als die meisten weltlichen Führer.

Dies ist großteils den Nachforschungen von John Cornwell zu verdanken. Mit seinen Recherchen hatte er den verstorbenen Pontifex eigentlich entlasten wollen, doch was er in den Archiven entdeckte, versetzte ihm einen derartigen moralischen Schock, dass sein Buch „Pius XII. Der Papst, der geschwiegen hat" einen völlig unerwarteten Tenor erhielt.

Später hat sich Cornwell von einigen seiner eigenen Argumente distanziert, etwa von manchen unlauteren Motiven, die Pius zugeschrieben wurden. Heute betont er indes, dass es ihm nicht möglich sei, über das Handeln des Pontifex während des Krieges zu urteilen. Andere wiederum unterstreichen, dass Pius den Juden vielmehr geholfen habe, etwa durch Organisieren einer Deportation aus Ungarn, die bis zu 800 000 Leben rettete. Zugleich aber lassen sich die gegen ihn sprechenden Indizien nicht einfach vom Tisch wischen und verdienen eine nähere Betrachtung.

In seinem Buch konzentriert sich Cornwell vor allem auf Pacellis frühe Jahre als päpstlicher Nuntius in München, ein Amt, das er mit dem Ziel antrat, die unangefochtene Macht des Vatikans in einer Nation wiederherzustellen, die mehr als 400 Jahre lang eine ungewöhnlich große religiöse Autonomie genossen hatte. In seinen Briefen (1917–1919) an den damaligen Kardinalstaatssekretär beweist Pacelli eine latente Feindseligkeit gegenüber Mitgliedern des „jüdischen Kults". Eines von ihnen beschrieb er als „blass, dreckig, mit leeren Augen, heiserer Stimme, vulgär, abstoßend, mit einem zugleich intelligenten und verschlagenen Gesichtsausdruck".

In einem weiteren Schreiben zeigt er sich verärgert darüber, dass deutsche Juden den Vatikan gebeten hatten, sich für eine größere Lieferung von Palmwedeln für ihr Laubhüttenfest einzusetzen, die von den italienischen Behörden konfisziert worden war. „Die israelitische Gemeinde ersucht

Der damalige päpstliche Nuntius Eugenio Pacelli und spätere Papst Pius XII. beim Verlassen des Kronprinzenpalais in Berlin (1929). Er unterhielt enge Beziehungen zum deutschen Machtzentrum.

um die Intervention des Papstes in der Hoffnung, dass er sich für tausend deutsche Juden einsetzen werde", schrieb er. Ironischerweise war es bald er selbst, an den man ein Hilfegesuch richtete – nur betraf es diesmal gleich sechs Millionen Juden, und es ging um weit mehr als um Palmwedel.

Ein Diktator und der Vatikan

Nach der Machtergreifung 1933 richtete Hitler seine ganze Aufmerksamkeit darauf, mit Pacelli, der inzwischen als Kardinalstaatssekretär im Vatikan tätig war, das Reichskonkordat abzuschließen. Die Bedingungen des „Führers" sollten jegliche Opposition gegen die NSDAP entkräften: Zum Ausgleich für die Möglichkeit, den deutschen Katholiken das kanonische Recht vorzuschreiben, musste der Vatikan die katholische Zentrumspartei zur Unterzeichnung des Ermächtigungsgesetzes bewegen. Dies bedeutete die Auflösung einer der wichtigsten Oppositionsparteien und die Ausstattung Hitlers mit weitreichenden diktatorischen Vollmachten.

In der Folge wurden Millionen von Katholiken Mitglieder der NSDAP in dem Glauben, die Partei genieße die uneingeschränkte Unterstützung des Papstes. Derweil lobte Hitler die Abmachung öffentlich als „besonders bedeutend im Kampf gegen das internationale Judentum". Von nun an musste jegliche Kritik der deutschen Katholiken an den Nazis über den Vatikan laufen, doch der unternahm und sagte nichts – weitgehend als Resultat der starren Haltung Pacellis.

Als Papst Pius XI. im Februar 1939 im Sterben lag, war ihm der Aufstieg des Faschismus und Antisemitismus plötzlich nicht mehr geheuer – zu spät, denn er verstarb nur wenige Stunden vor einer Rede, in der er Hitler verurteilen wollte.

Pacelli wurde nach nur drei Wahlgängen zum Papst gewählt und bestieg den Thron am 12. März 1939 als Pius XII. Eine seiner ersten Amtshandlungen bestand in einem Treffen mit deutschen Entscheidungsträgern, bei dem er seine Unterstützung der Nazipartei bekräftigte. Seiner Bitte folgend, gab der päpstliche Gesandte in Berlin im Folgemonat einen Galaempfang anlässlich von Hitlers 50. Geburtstag. Und der Krieg stand vor der Tür.

Die Auflösung der katholischen Zentrumspartei bedeutete für Hitler, dass nun auch das letze Hindernis auf seinem Weg zur uneingeschränkten Machtbefugnis beseitigt war. Der Vatikan war daran nicht unwesentlich beteiligt.

Krieg? Welcher Krieg?

Am 1. September 1939 überfiel Hitler Polen, doch Papst Pius XII. schwieg – sehr zur Verblüffung der Alliierten. Selbst als der Krieg eskalierte und die Zahl der Opfer anstieg, weigerte er sich, die Nazis zu verurteilen. Und als der Welt 1942 die Realität der Endlösung schmerzlich bewusst wurde, war das päpstliche Schweigen kaum noch erträglich.

Am 16. Juni brachte der britische *Daily Telegraph* einen Leitartikel über die Judenvernichtung. Kaum eine Woche darauf gab es eine Großdemonstration in New York, die eine Intervention der Weltgemeinschaft forderte. In der Hoffnung, eine Reaktion erzwingen zu können, entsandte Präsident Roosevelt im September seinen persönlichen Repräsentanten in den Vatikan, doch der Papst blieb hart.

Erst eine Woche nachdem ihm der britische Gesandte ein Dossier überreicht hatte, das die millionenfache Vernichtung der Juden in Konzentrationslagern überall in Europa dokumentierte, machte Pius in seiner Weihnachtsbotschaft endlich den Mund auf. Was er da sagte, war jedoch so zahm, dass er auch gleich hätte weiter schweigen können. Wörter wie „Nazis" oder „Juden" kamen gar nicht vor, abgesehen von einem obskuren Verweis auf „Hunderttausende" (nicht Millionen), die „aufgrund ihrer Nationalität oder Rasse" dem Tod geweiht wären.

Falls diese vage Verurteilung tatsächlich von einem Einstellungswandel zeugte, dann reichte sie jedenfalls nicht aus, um jene tausend Juden zu retten, die kaum ein Jahr später in den Straßen Roms, gleichsam vor seiner eigenen Haustür, von der SS zusammengetrieben wurden. Fast alle Deportierten wurden ermordet. Die Überlebende Settimia Spizzichino, Opfer des „Todesengels" Dr. Josef Mengele, fand man kaum noch atmend zwischen zahlreichen Leichen. In einem BBC-Interview drückte Spizzichino 1995 aus, was ein großer Teil der jüdischen Gemeinschaft empörte: „Pius XII. hätte uns warnen können, doch er war ein antisemitischer, ein prodeutscher Papst.

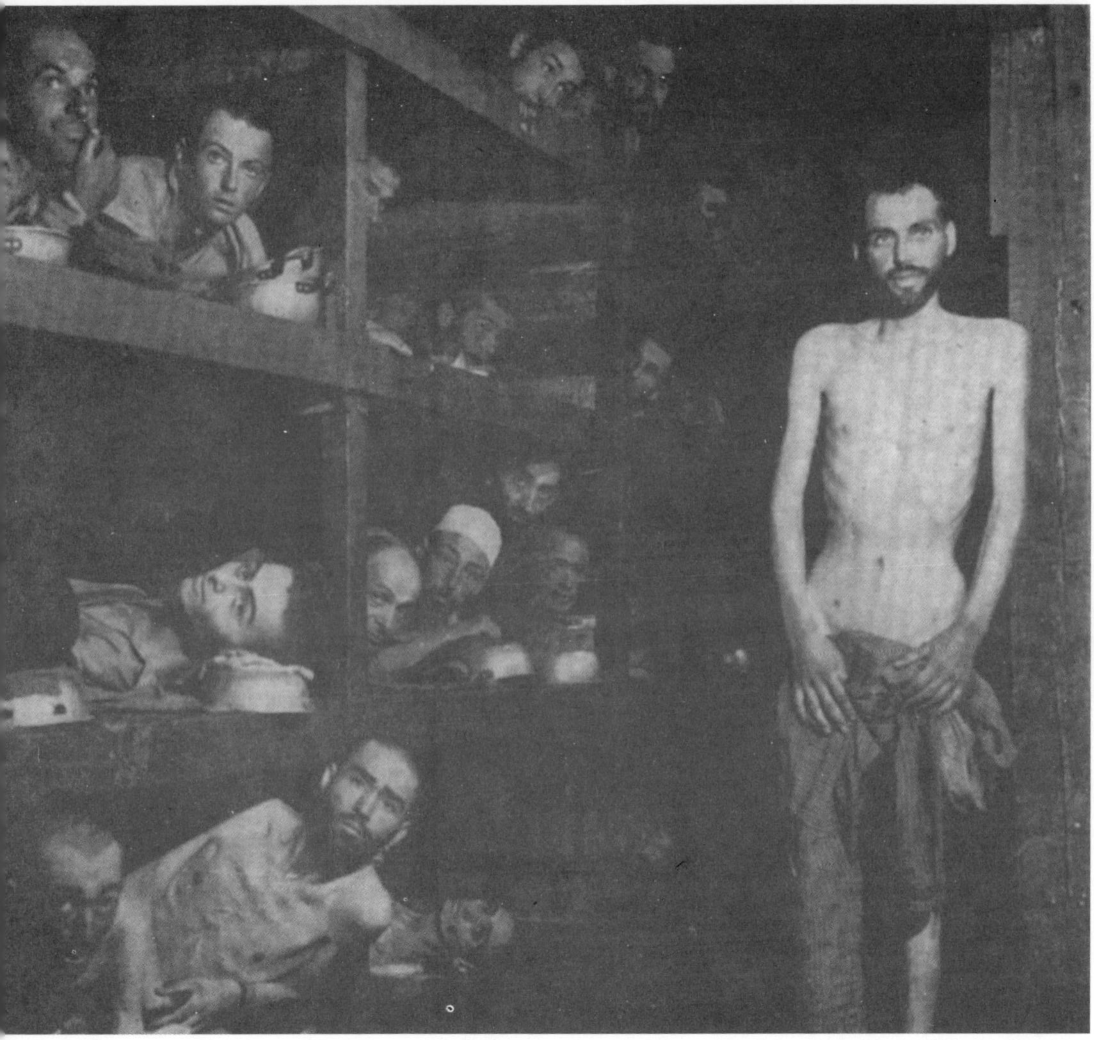

Er ging nicht das geringste Risiko ein. Und wenn man sagt, der Papst sei wie Jesus, dann stimmt das einfach nicht. Kein einziges Kind hat er gerettet."

Kurz zuvor befreite Überlebende des Vernichtungslagers Auschwitz. Kritiker verurteilen die Weigerung des Vatikans, das gesamte Ausmaß des Schreckens einzugestehen.

Alte Wunden aufgerissen

Die Nähe des Vatikans zu den Nazis war mit Pius XII. noch nicht beendet. Als Kardinal Joseph Ratzinger 2005 zum Papst gewählt wurde, verwiesen Kritiker auf seine Mitgliedschaft in der Hitlerjugend nach seinem 14. Geburtstag im Jahr 1941. Doch diese war seit 1939 obligatorisch. Überdies betont sein Biograf, dass Ratzinger ohne Begeisterung bei der Sache war. Auch weiß man, dass er zur Wehrmacht eingezogen wurde, aber im Mai 1945 desertiert ist. Dennoch werteten manche diesen Hintergrund als ungeeignet für das Oberhaupt der katholischen Kirche, vor allem angesichts des Skandals um Pius XII.

Als der Papst kein Jahr später das Vernichtungslager Auschwitz besuchte, spitzten sich die Dinge weiter zu. Benedikt wirkte keineswegs bußfertig und entschuldigte sich auch nicht für den Anteil der einfachen deutschen Bevölkerung am Holocaust. Stattdessen fachte der den jüdischen Zorn noch weiter an, indem er die Verantwortung auf eine „Schar von Verbrechern" schob, der es gelungen sei, das gesamte Volk als Geisel zu nehmen – was implizierte, dass er und seine Familie ebenso sehr Opfer der Nazis waren wie die Juden. Und, noch schlimmer, er deutete an, dass die Juden zufällige Opfer wurden bei dem Versuch der Nazis, „im letzten auch die Wurzel (auszureißen), auf der der christliche Glaube beruht".

Dies hatte zur Folge, dass die undurchsichtige Rolle des Vatikans bei einer der größten menschlichen Gräueltaten des 20. Jahrhunderts nur gut ein halbes Jahrhundert nach dem Holocaust erneut auf dem Prüfstand ist.

Papst Benedikt XVI. bei seinem nicht unumstrittenen Aufenthalt in Auschwitz 2006. Seine Schuldzuweisung rief bei jüdischen Kommentatoren Empörung hervor.

HALT!
STÓJ!

Der Vatikan und Opus Dei

Für Außenstehende scheinbar unangreifbar, wird der Vatikan offenbar von einer Gruppierung kontrolliert, die mächtiger ist als jeder seiner Feinde. Die Mitglieder des Opus Dei treten wie normale Katholiken auf, doch in Wahrheit verändern sie das gewohnte Bild der Kirche.

Unter den zahlreichen Statuen an den Wänden der Peterskirche wirkt das Monument des hl. Josemaría Escrivá de Balaguer y Albas – perlweiß vor dem aschfarbenen Stein der Alkove und vom Zahn der Zeit nahezu unangetastet – wie ein Fremdkörper. Und tatsächlich: Als Johannes Paul II. den Gründer des Opus Dei 2002, kaum 30 Jahre nach dessen Tod, heilig sprach, kommentierte dies ein Historiker aus Cambridge als „das verblüffendste moderne Beispiel für die erfolgreiche Durchsetzung eines Anliegens durch eine Interessengruppe".

Und im Jahr darauf vermittelte Dan Browns „Sakrileg" breiten Kreisen eine gewisse Vorstellung von Escrivás inbrünstiger katholischer Organisation.

Die das Buch einleitenden „Fakten und Tatsachen" verweisen auf „Medienberichte über Gehirnwäsche, Zwänge und die gesundheitsgefährdende Praxis der Selbstkasteiung" – und auf die jüngste Errichtung einer 47 Millionen Dollar teuren US-Zentrale in der New Yorker Lexington Avenue. Dies ist Lichtjahre entfernt von jener bescheidenen Gesellschaft, die Escrivá 1928 als einfacher Priester in Madrid gegründet hatte. Opus Dei („Werk Gottes") behauptet, gläubigen Katholiken auf der ganzen Welt zu helfen, durch harte Arbeit ihr Potenzial als Alltagsheilige auszuschöpfen.

Warum hat Dan Brown dann aber einen mordlustigen Albino-Mönch gewählt, um Opus Dei als einen Kult der Furcht und Zerstörung zu porträtieren? Welche Macht besitzt diese umstrittene Gruppierung innerhalb und außerhalb des Vatikans?
Im derzeitigen, durch Skandale und Geheimniskrämerei geprägten Klima dürfte es schwer sein, Fakten von Fiktion zu trennen.

Fromme Mitglieder des Opus Dei tragen werktags zwei Stunden lang einen Bußgürtel (Cilice) um den Oberschenkel.

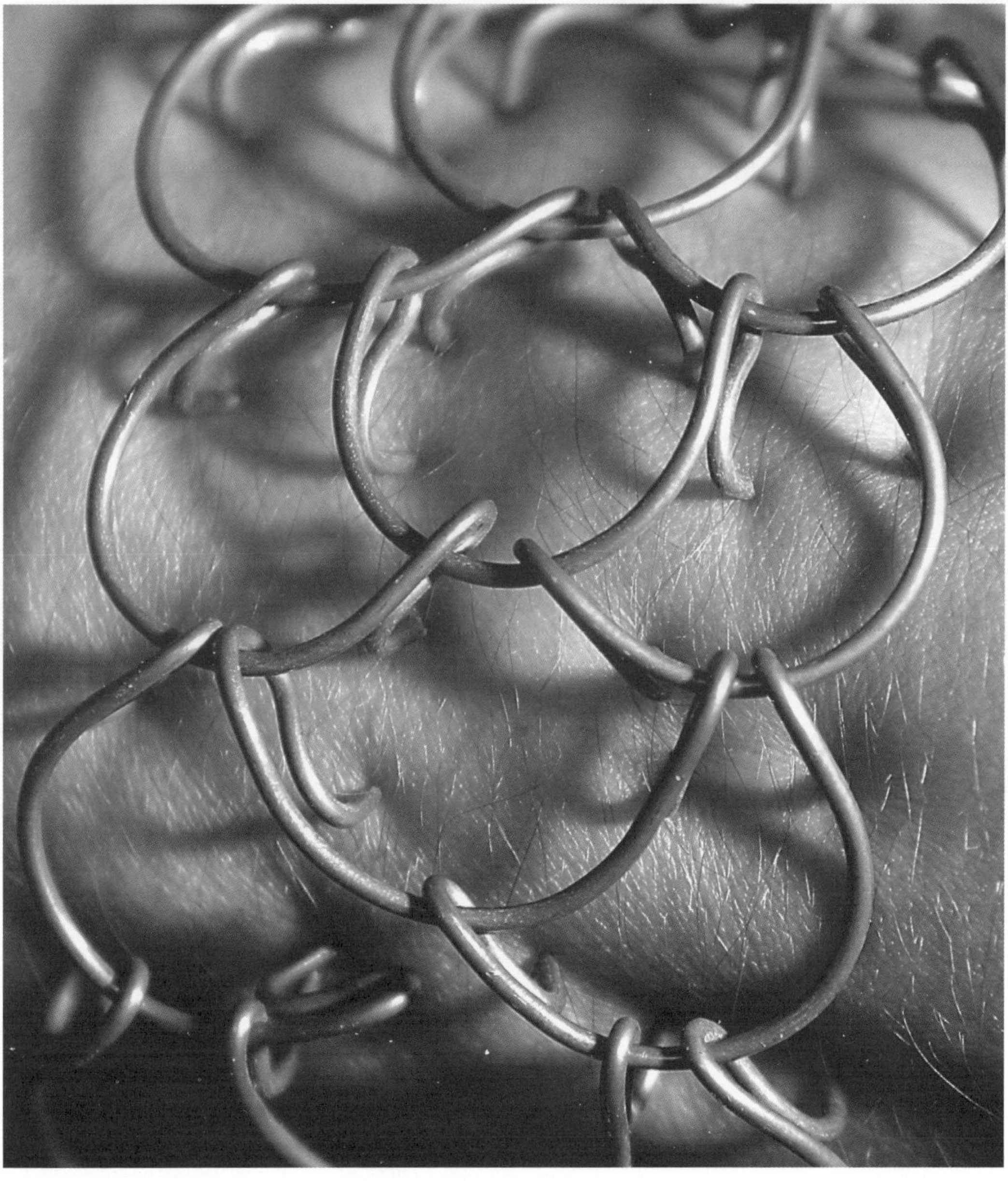

Schmerz und Selbstkasteiung

Opus Dei mit seinen heute nach eigener Aussage weltweit über 85 000 Mitgliedern wurde gegründet, um die Religiosität des einfachen Spaniers vom Sonntag auf die Arbeitswoche zu erweitern und damit die säkulare Welt zu heiligen.

Im Jahr 1946 war Opus Dei bereits in Italien, Portugal und Großbritannien vertreten, und 1982 war die Gruppierung so fest etabliert, dass Johannes Paul II. sie zur Personalprälatur des Vatikans erhob, was sie zu einer „Kirche innerhalb der Kirche" machte und Gerüchten über ihren ungebührlichen Einfluss auf das Papsttum Nahrung gab. Als Johannes Paul II. Escrivá bereits 1992 selig und 2002 heilig sprach, wurden diese Gerüchte indirekt bestätigt.

Dennoch sind es die eher obskuren Praktiken, die den meisten Grund zur Spekulation geben, vor allem dank des sie umhüllenden Schleiers des Geheimnisvollen. Doch auch das Wenige, das wir wissen, genügt, beginnend mit der „Heroischen Minute" nach dem Aufwachen, in der die Mitglieder aus dem Bett springen, den Boden küssen und „Serviam" (Ich werde dienen) aussprechen sollen.

Dann wäre da noch die Selbstkasteiung, die verschiedene Formen annehmen kann. Am einen Ende der Skala steht das Schlafen auf dem Boden, eine kalte Dusche oder der Verzicht auf den Nachtisch. Das andere Extrem verkörpern die Mittel der selbst zugefügten Leiden, etwa die „Disziplin" – eine kurze Geißel, mit der man einmal wöchentlich Rücken oder Gesäß traktiert (Escrivá ging dabei offenbar so eifrig ans Werk, dass die Wände seines Badezimmers regelmäßig voller Blutspritzer waren). Ebenfalls beliebt ist der Bußgürtel, eine täglich für zwei Stunden um den Oberschenkel getragene Dornenkette, die kleine Löcher im Fleisch hinterlässt.

Dies mag ganz nach einer Definition okkulter Praktiken klingen, stammt aber direkt aus den Schriften Escrivás, der seine Ansichten in dem einflussreichen Opus-Handbuch „Der Weg" festhielt. „Gesegnet sei der Schmerz", schreibt er. „Geliebt sei der Schmerz. Geheiligt sei der Schmerz ... Gepriesen sei der Schmerz."

Das Grabmal von Josemaría Escrivá de Balaguer y Albas, dem Gründer des Opus Dei, im Vatikan. Er wurde 2002 in einem Eilverfahren heilig gesprochen.

EL PADRE

Rekrutierungspraktiken

Nach der Veröffentlichung einiger interner Opus-Praktiken 1981 untersagte der damalige Erzbischof von Westminster, Basil Kardinal Hume, die Anwerbung von Minderjährigen.

Damit reagierte er auf die Offenlegung der weiterhin extrem geheimnisumwitterten und aggressiven Rekrutierungsmethoden des Opus Dei. In den Anfangsjahren durften die Konvertierten ihren Angehörigen und Freunden nichts von ihrem neuen Leben erzählen.

Nicht minder bedenklich ist die Art des individuellen Zuschnitts der Anwerbung: Wenn ein potenzielles Mitglied etwa ein begeisterter Skifahrer ist, wird man mit ihm eine Skitour unternehmen, um dabei die entscheidende Frage zu stellen. Doch der Druck lastet nicht nur auf den Neuen: Etablierte Mitglieder sollen jeweils 12 bis 15 Freunde haben, über jeden von ihnen ein Kurzprofil verfassen und regelmäßig berichten, wie weit sie noch von einer Mitgliedschaft entfernt sind – natürlich ohne deren Kenntnis. Hauptziel sind junge Idealisten, mit dem Ergebnis, dass männliche Opus-Mitglieder rauchen und Bars aufsuchen dürfen, solange es der Anwerbung neuer Mitglieder dient. Danach soll sich das Mitglied wieder um die bestmögliche Einhaltung der Regeln bemühen.

Viele Kritiker verweisen auf die faschistischen Elemente in Escrivás „Der Weg". Dort heißt es: „Du sollst keine Bücher ohne den Rat eines erfahrenen Christen erwerben." Selbstverständlich müssen Opus-Mitglieder ihre spirituellen Führer auch um Erlaubnis bitten, ein Buch überhaupt lesen zu dürfen (sogar die Pflichtlektüre während des Studiums). Joseph Gonzales, ein ehemaliger „Numerarier", erinnert sich, dass im Garten seines Opus-Zentrums Bücher verbrannt wurden.

Übrigens: Numerarier sind unverheiratete Mitglieder, die nach Geschlechtern getrennt in einem Zentrum des Opus Dei leben und der Gemeinschaft das Gros ihres Einkommens überlassen – bei 20000 Numerariern ein einträgliches Geschäft.

Die Rekrutierungsmethoden sind weiterhin extrem geheimnisumwittert und aggressiv.

Tammy DiNicola, ein ehemaliges Mitglied des Opus Dei, beim Sichten einer fünf Zentimeter dicken Liste verbotener Schriften. Gemeinsam mit ihrer Mutter (links) betreibt sie das Opus Dei Awareness Network (ODAN), um Menschen, die durch Opus Dei zu Schaden gekommen sind, zu unterstützen und zu informieren.

Umstrittene Mitglieder des Opus Dei

Navarro-Valls war eine überaus einflussreiche Gestalt innerhalb des Vatikans – und bei Opus Dei.

Javier Echevarria Rodriguez

Der Titularbischof und derzeitige Prälat des Opus Dei sorgte 1997 für große Empörung mit seiner Behauptung, laut „wissenschaftlicher Forschung" würden 90 Prozent der behinderten Kinder solchen Paaren geboren, die „nicht in einem reinen Zustand die Ehe eingegangen sind", und somit für die Sündhaftigkeit ihrer Eltern bezahlen.

Joaquin Navarro-Valls

Als Leiter des Vatikanischen Pressebüros (1984–2006) kam Navarro-Valls jenen unabhängigen Journalisten, die herausfinden wollten, wie weit Opus Dei in die Kurie vorgedrungen war, wahrlich nicht entgegen. Besonders deutlich wurde dies bei seinem raschen Schlusswort über den Doppelmord von 1998 in der Schweizergarde, bei dem Opus Dei womöglich eine Rolle gespielt hat (siehe Seite 114 ff.).

Mit der Abgeordneten Ruth Kelly hat es Opus Dei bis in die Ränge der britischen Regierung geschafft. Um ihre Mitgliedschaft in der Sekte macht Kelly kein Geheimnis – wohl aber darum, ob sie in ihrer Regierungstätigkeit einen Bußgürtel trägt.

Ruth Kelly

Kelly muss es sehr schwerfallen, ihre Tätigkeit als britische Ministerin für Frauen und Gleichstellung (seit 2006) mit den Vorgaben von Opus Dei zu vereinen (wo man Homosexualität strikt ablehnt und den weiblichen Mitgliedern erst seit Kurzem das Tragen von Hosen gestattet). Wie eine britische Zeitung 2006 feststellte, hat Kelly seit Beginn der Labour-Regierung 1997 nicht einen einzigen Gesetzentwurf für die Rechte Homosexueller unterstützt.

Robert Philip Hanssen

Der ehemalige FBI-Agent und wurde 2001 wegen des Verkaufs von 6000 Seiten geheimer Dokumente und zwei Dutzend Disketten an Moskau gegen Geld und Diamanten im Wert von 1,4 Millionen Dollar inhaftiert. Merkwürdig ist die Sache, weil Hanssen als Opus-Dei-Mitglied streng antimarxistisch war. Er führte als bürgerlicher Familienvater und Agent eine perfekte Doppelexistenz.

Das Blut Christi

Keine Fragestellung verwischt die Grenze zwischen Fakten und Fiktion derart wie die Heimlichtuerei rund um eine vermutete Ehe zwischen Jesus und Maria Magdalena und um die Frankenkönige als direkte Nachfahren Christi. Vielen Lesern ist die Geschichte inzwischen vertraut. Doch steckt nicht vielleicht mehr dahinter?

Die von dem Romanautor Dan Brown über Opus Dei aufgestellten Behauptungen sind nicht die einzigen kontrovers diskutierten *Fakten* in seinem Bestseller „Sakrileg". Ähnlich problematisch ist der allererste Satz: „Die Prieuré de Sion, der Orden der Bruderschaft von Sion, wurde im Jahr 1099 gegründet und ist eine Geheimgesellschaft, die bis heute existiert." Persönlichkeiten wie Leonardo da Vinci, Isaac Newton und Victor Hugo sollen zu den frühen Mitgliedern gezählt haben.

Dass es eine historische Prieuré de Sion gab, gilt inzwischen weitgehend als widerlegt (siehe Seite 176). Rätselhaft bleibt

indes die Bewertung jenes großen Geheimnisses, das zu schützen man angeblich geschworen hat. Bei dem Geheimnis handelt es sich selbstredend um die angebliche Verbindung von Jesus Christus und Maria Magdalena, aus der ein Kind namens Sarah hervorgegangen sein soll. Diese soll später zur Gründung der fränkischen Dynastie der Merowinger beigetragen haben. Lange glaubte man, der Heilige Gral sei jener Kelch, den Christus beim letzten Abendmahl benutzte und der später sein Blut aufnahm. In der übertragenen Version ist der wahre Gral jedoch Maria Magdalena selbst, die sozusagen als „Gefäß" der christlichen Blutlinie diente.

All dies wurde angeblich 1099 von Soldaten des 1. Kreuzzugs in Jerusalem entdeckt, die außer Maria Magdalenas sterblichen Überresten auch Heiratsdokumente gefunden haben wollen. Später legten Gruppierungen wie die Tempelritter oder die tief spirituellen Katharer einen Schwur ab, dieses Geheimnis zu wahren – was sie später womöglich zum Opfer der Kreuzzüge wie auch der Inquisition machte. Dies waren jedenfalls Begebenheiten, über die der Vatikan nichts nach außen dringen lassen wollte.

Die Kunstgeschichte kennt zahllose Darstellungen des Heiligen Grals. In den letzten Jahren entstand allerdings eine Theorie, wonach der Gral vielleicht ein menschliches Wesen war: Maria Magdalena.

Die „wahre“ Maria Magdalena

Die Entschlossenheit der Kirche, die Geschichte einer Verbindung zwischen Jesus und Maria Magdalena zu unterdrücken, wurzelt in einer alten Furcht vor dem sogenannten heiligen Weiblichen (einer Bezeichnung für die naturgemäß heidnischen weiblichen Gottheiten). Landläufig gilt Maria Magdalena als eine geläuterte Prostituierte. Verschwörungstheoretiker behaupten indes, dies sei nur deshalb Teil einer katholischen Verleumdungskampagne, um ihre wahre Macht zu unterminieren. Ein ganz anderes Bild zeichnen etwa die in einem Tongefäß versiegelten, aus dem 3. Jahrhundert stammenden und 1945 von zwei Brüdern in Ägypten entdeckten Gnostischen Evangelien: Hier ist sie nicht nur eine moralisch aufrichtige Frau königlichen Geblüts, sondern steht Jesus näher als selbst die Apostel.

In einer gnostischen Parabel wählt Jesus sie aus, um den übrigen Jüngern von einer Erscheinung zu berichten. Darauf entbrennt Petrus vor Eifersucht. Erst die Worte seines Begleiters Levi können ihn beruhigen: „Wenn der Heiland sie für wert erachtet, wie kannst du sie abweisen? Gewiss kennt sie der Heiland sehr gut. Darum liebte er sie mehr als uns.“

Die Tatsache, dass Jesus nur männliche Jünger um sich scharte, diente Papst Johannes Paul II. 1995 als Beweis für die der Weihe von Priesterinnen innewohnende Blasphemie – eine Behauptung, die im Lichte der gnostischen Texte unhaltbar ist. Womöglich diente die im Jahr 382 durch Papst Damasus I. erfolgte Kodifizierung des Alten und Neuen Testaments dazu, die Verbreitung solcher Schriften zu verhindern.

Papst Gregor I. erklärte 591, Maria Magdalena sei niemand anderes als die von Jesus bekehrte Hure. Damit wollte er womöglich nur die Verwirrung über die zahlreichen biblischen Frauen namens Maria beseitigen. Vielleicht unternahm er aber auch den gezielten Versuch, sämtliche Spuren der einflussreichsten Frau in der christlichen Geschichte zu tilgen – nicht nur eine enge Vertraute Jesu, sondern womöglich auch seine geliebte Frau.

„Wenn der Heiland sie für wert erachtet, wie kannst du sie abweisen?“

War Maria Magdalena tatsächlich eine übel beleumundete Frau, oder stand sie Jesus vielleicht doch näher, als es dem Vatikan lieb ist?

Geheimnisse eines Bildes

Leonardos Abendmahl *ist eine wahre Fundgrube für die Anhänger von Verschwörungstheorien.*

Dan Browns Behauptung, die Geschichte von der Ehe zwischen Jesus und Maria Magdalena sei zum streng gehüteten Geheimnis der alten Prieuré de Sion geworden, findet kaum Zustimmung. Schwerer wiegt da schon die Annahme, Leonardo da Vinci habe in einem seiner berühmtesten Werke Hinweise auf diese Legende verborgen. Leonardo war vielleicht kein Mitglied der genannten Geheimgesellschaft, doch sein fast zehn Meter breites *Abendmahl*, das er zwischen 1495 und 1498 auf der Wand eines Mailänder Klosters verewigte, birgt einige faszinierende Aspekte, die man als Hinweise auf diese heiligste aller Ehen deuten kann.

Im Zentrum dieser Theorie steht die Annahme, dass (vom Betrachter aus) links von Jesus nicht etwa der Apostel Johannes dargestellt ist, sondern Maria Magdalena. Die weichen Gesichtszüge, das fließende Haar und der angedeutete Busen verleihen der Gestalt etwas Feminines, ebenso die angelehnte Haltung mit sanften, geschlossenen Lidern.

Die bedrohlich zu ihrem Hals weisende Hand des Apostel Petrus soll darauf hindeuten, dass dieser wegen ihrer Nähe zu Christus eifersüchtig auf sie war. Dass kein Kelch auf dem Tisch steht, könnte bedeuten: Leonardo da Vinci wusste durchaus, dass Maria Magdalena seit jeher mit dem Heiligen Gral identisch war. Interessanterweise erscheint das Phantombild eines Grals an der Wand, wenn man direkt auf die Gestalt des hl. Bartholomäus blickt (ganz links), wenngleich sich unmöglich sagen lässt, ob dies gewollt oder eher ein optischer Zufall ist.

Dann wäre da noch das merkwürdig gezwungen wirkende, durch die auseinanderstrebenden Gestalten von Jesus, Petrus und der mutmaßlichen Maria Magdalena gebildete „M" als möglicher Hinweis auf den Namen der geheimen Frau Jesu. Das „V" zwischen dem angeblichen Paar soll für Weiblichkeit und Fruchtbarkeit stehen. Und die rote und weiße Kleidung von Jesus und seinem verweiblichten Nachbarn sind wechselseitige Spiegelbilder, angeblich ein Zeichen ihrer Ehe. All dies ist schwer zu glauben, aber auch nicht einfach von der Hand zu weisen.

Fälschungen rund um die Prieuré de Sion

Viele der angeblich in „Sakrileg" enthaltenden *Fakten* lassen sich nicht etwa auf das Leben Christi zurückführen, sondern auf einen raffinierten Schwindel jüngerer Tage, der in der französischen Stadt Annemasse begann und auf den eine Zeit lang die ganze Welt hereinzufallen schien.

Die Autoren von „Der Heilige Gral und seine Erben" mögen mit ihrem Plagiatsprozess gegen Dan Browns „Sakrileg" gescheitert sein, doch die Verschwörungen, um die es in beiden Büchern geht, faszinieren nach wie vor zahlreiche Leser.

Sein flüchtiger Erfolg verdankte sich nahezu ausschließlich den übereifrigen Nachforschungen dreier Männer: Michael Baigent, Richard Leigh und Henry Lincoln. In ihrem Buch „Der Heilige Gral und seine Erben" behaupten sie, Belege für eine Geheimgesellschaft in einer abgelegenen südfranzösischen Region entdeckt zu haben. Entstanden sei diese Gesellschaft im Zuge von Entdeckungen während des 1. Kreuzzugs 1099. Ihr Zweck sei die Wahrung des Geheimnisses um die Nachfahren Christi.

In Wahrheit wurde die sogenannte Prieuré de Sion erst am 20. Juli 1956 gegründet – amtliche Belege sind vor

Ort vorhanden. Geistiger Vater des Schwindelunternehmens ist ein gewisser Pierre Plantard. Er hatte gehofft, seine Landsleute mit seiner Geschichte so sehr in Bann zu ziehen, dass sie schließlich auch seinen gefälschten Anspruch akzeptierten, von einem alten Königsgeschlecht abzustammen, um ihn auf seinen „rechtmäßigen" Thron zu setzen.

Hierzu ließ Plantard von einem guten Freund diverse alte Manuskripte fertigen, die dann ein Pater namens François Bérenger Saunière angeblich in einer hohlen Säule seiner Pfarrkirche (die passenderweise der Maria Magdalena geweiht war) entdeckte. Gerüchte besagten, Saunières übermäßiger Reichtum stamme als Schweigegeld aus der Kasse der katholischen Kirche. In Wahrheit hatte er für Tausende von Messen, die er nicht einmal feierte, unrechtmäßig Geld verlangt.

Die drei Autoren brachte ihre Entdeckung jedenfalls derart aus dem Häuschen, dass sie ihr mit Haut und Haar verfielen. Dass der Schwindel später offenkundig wurde, hinderte Dan Brown indes nicht daran, die Prieuré de Sion trotzdem zu einem tragenden Element seines Romans „Sakrileg" zu machen. Und auch die Verkaufszahlen von „Der Heilige Gral und seine Erben" gingen keineswegs zurück.

ANHANG

Chronik des Vatikans

A.D. 30–64

Von den zwölf Aposteln steht der Fischer Simon aus Galiläa Jesus am nächsten. Dieser gibt ihm den Namen Petrus (griech. *petra* = Fels), mit den Worten: „Du bist Petrus, und auf diesen Fels will ich meine Kirche bauen." (Als man 1968 unter der Peterskirche offenbar die Gebeine Petri entdeckt, zeigt sich, wie präzise diese Prophezeiung war). Nach der Himmelfahrt Christi wird Petrus zum ersten Bischof von Rom und somit zum ersten Papst, bis er von Nero hingerichtet wird (siehe unten).

Der hl. Petrus war zugleich der erste Papst und jener „Fels", auf dem Christus seine Kirche begründete.

A.D. 64

Nach dem Großbrand in Rom wendet sich Kaiser Nero mit unvergleichlicher Brutalität gegen das illegale Christentum. Viele Christen enden als lebende Fackeln oder Löwenfraß in der Arena. Petrus stirbt den Märtyrertod, indem man ihn mit dem Kopf nach unten kreuzigt. An dieser Stelle wird sich später die Peterskirche erheben.

A.D. 217–222

Als Sklave geboren, muss Calixtus fliehen, nachdem er einen großen Geldbetrag, der seinem Besitzer gehörte, unterschlagen hat. In Portus wird er beim Besteigen eines Schiffs aufgegriffen. Man schickt ihn zurück, um einen Teil der Schulden einzutreiben. Bald aber landet Calixtus wegen einer Rauferei mit Juden in der örtlichen Synagoge erneut hinter Gittern. Von der Zwangsarbeit in den berüchtigten Minen von Sardinien kommt er auf Betreiben der kaiserlichen Mätresse frei. Papst Viktor I. protegiert ihn. Schließlich tritt er dessen Nachfolge an. Angeblich stirbt er den Märtyrertod.

A.D. 296–304

Marcellinus, ein schamloser Heuchler, entgeht der Christenverfolgung, indem er den Römern heilige Schriften aushändigt und heidnischen Göttern Rauchopfer darbringt.

A.D. 306

Konstantin wird römischer Kaiser. Seine Mutter Helena ist eine einflussreiche Christin.

A.D. 312

Als Konstantin während der Vorbereitung auf die Schlacht an der Milvischen Brücke in die Oktobersonne blickt, erscheint ihm ein Kreuz mit den ersten beiden Buchstaben des Namens Christi. Er erringt einen glänzenden Sieg, wodurch sich seine Einstellung gegenüber dem Christentum fast über Nacht verändert.

A.D. 313

Konstantins Toleranzedikt von Mailand gestattet den Christen nun auch offiziell die freie Ausübung ihrer Religion.

A.D. 326

Konstantin lässt an der Stelle von Petri Märtyrertod eine riesige Kirche errichten. Diese erste Peterskirche wird 30 Jahre später vollendet.

A.D. 330

Das Zentrum des Römischen Reichs wird nach Konstantinopel verlegt (dem heutigen Istanbul). In Rom entsteht ein Machtvakuum, in das der Bischof von Rom rasch vorstößt. Dieser ist auch unter dem griechischen Namen *pappas* (Vater) bekannt, woraus später „Papst" wird.

A.D. 382

In einem von Papst Damasus I. einberufenen Konzil werden die Bücher der Bibel in ein Altes und ein Neues Testament eingeteilt. Zugleich wird Griechisch durch Lateinisch als Amtssprache Roms abgelöst. (Lateinisch ist bis heute die Amtssprache des Vatikans.)

Konstantins Toleranzedikt von Mailand verhalf dem bisher illegalen christlichen Glauben zu seinem Recht, was das Schicksal der Christen praktisch über Nacht verbesserte.

Papst Leo I. beweist diplomatisches Geschick, indem er den Hunnenkönig Attila 452 davon abhalten kann, in Rom einzufallen – angesichts eines derart mächtigen Feindes bestimmt kein einfaches Unterfangen.

A.D. 440–461

Als fähiger Diplomat kann Papst Leo I. den Hunnenkönig Attila 452 dazu bewegen, nicht in Rom einzufallen und sich aus Italien zurückziehen. Drei Jahre später genügt sein Geschick nicht mehr, die Invasion des Vandalenkönigs Geiserich zu verhindern: Rom wird geplündert.

A.D. 597

Noch als Abt erschrickt der spätere Papst Gregor der Große beim Anblick der angelsächsischen Sklaven in Rom. Als Papst schickt er den Benediktiner Augustinus nach England. Dieser bekehrt König Ethelbert und die Angelsachsen vom keltischen zum römischen Christentum.

A.D. 604–606

Unter Papst Sabinian verkauft die Kirche während einer großen Hungersnot Getreide an die Armen. Dies macht ihn so unbeliebt, dass die Römer später auf der Straße seinen Leichenzug stoppen.

A.D. 638

Jerusalem – die Stätte von Christi Tod und Auferstehung – wird von muslimischen Sarazenen unter Kalif Omar überrannt.

A.D. 649–653

Papst Martin I. verschärft die Spannungen zwischen Papsttum und Römischem Reich, indem er sich weigert, seine Wahl durch den byzantinischen Kaiser Konstans II. bestätigen zu lassen. Voller Zorn lässt Konstans Martin aus dem Bett zerren und nach Konstantinopel bringen, wo man ihn öffentlich auspeitscht und die Todesstrafe über ihn verhängt. Diese wird später in eine Verbannung auf die Krim umgewandelt. Seine Misere wird von der Kirche ignoriert, und er stirbt nach fünf Monaten durch Kälte und Misshandlungen.

A.D. 795–816

Die römischen Behörden wenden sich gegen Leo III., den sie des Meineids, Ehebruchs und Ablasshandels beschuldigen. Nachdem man ihn auf die Straße geschleift, geschlagen und mit dem Herausschneiden der Zunge bedroht hat, sperrt man ihn in ein Kloster. Doch es gelingt ihm, sich zum Frankenkönig Karl dem Großen zu flüchten, der ihn nach Rom zurückbringt und wieder als Papst einsetzt. Am 25. Dezember 800 bedankt sich Leo, indem er ihn zum Kaiser des neuen Heiligen Römischen Reichs krönt.

A.D. 855

Der Legende nach regiert eine Frau (Päpstin Johanna) drei Jahre lang, bevor man sie während einer Prozession entlarvt (eventuell sogar durch eine unerwartete Niederkunft). Päpstliche Prozessionen machen bis heute einen Bogen um die Stelle, die als Gedenkstätte erkennbar ist.

A.D. 963–964

Kaum ein anderer Papst war so umstritten wie Johannes XII. Der Spielsucht frönend und heidnische Götter anbetend, lässt er seine Widersacher blenden, kastrieren oder gleich ermorden. Und er verwandelt den heiligen Palast in ein veritables Bordell. Johannes stirbt entweder durch die Hand eines eifersüchtigen Ehemanns, der ihn in flagranti ertappt hat, oder an einem Schlaganfall während des Aktes selbst.

A.D. 984–985

Papst Bonifatius VII. lässt seinen Vorgänger Johannes XIV. in der Engelsburg inhaftieren, wo er verhungert. Doch das bleibt nicht ohne Folgen: Bonifatius wird kurzerhand ermordet; anschließend wird sein entblößter Leichnam durch die Straßen gezogen und von aufgebrachten Römern geschunden.

Papst Bonifatius wird wegen der barbarischen Behandlung seines Vorgängers festgenommen.

A.D. 1009

Der Fatimidenkalif al-Hakim plündert das Pilgerhospiz in Jerusalem und zerstört einen Teil der Grabeskirche, die dort errichtet wurde, wo Christus den Kreuzestod fand und bestattet wurde. Die gesamte Christenheit reagiert mit Entsetzen.

A.D. 1095

Papst Urban II. sichert jedem Teilnehmer am Heiligen Krieg gegen die Muslime die Vergebung seiner Sünden und einen Platz im Himmel zu. Zehntausende finden sich bereit, und der 1. Kreuzzug setzt mit blutiger Heftigkeit ein.

A.D. 1099

Die Kreuzfahrer erobern Jerusalem brutal zurück, doch der Kreuzzug gilt als Erfolg – wenngleich das Heilige Land kaum ein Jahrhundert später durch Sultan Saladin zurückerobert wird. Es folgen nicht weniger als acht weitere Kreuzzüge, die jedoch alles andere als erfolgreich verlaufen.

A.D. 1154–1159

In der bis heute existierenden St Albans School ausgebildet und über ein französisches Augustinerkloster nach Rom gelangt, wird Nicholas Breakspear als Hadrian IV. zum ersten und bisher auch letzten englischen Papst.

A.D. 1198–1216

Angesichts der wirkungslosen Kreuzzüge beschließt Innozenz III., den religiösen Eifer gegen die eigenen Leute zu richten, nämlich gegen die ketzerische Gemeinschaft der Katharer in Südfrankreich. Das von ihm 1215 einberufene 4. Laterankonzil verlangt unter anderem von den Muslimen und Juden, dass sie Abzeichen tragen, damit man sie optisch von den Christen unterscheiden kann.

A.D. 1232

Papst Gregor IX. begründet die Inquisition.

A.D. 1276–1277

Kurz nach seiner Wahl lässt Johannes XXI. den Papstpalast von Viterbo um einen privaten Flügel erweitern. Bald darauf findet sein Leben dort ein jähes Ende, als er im Schlaf von einer herabstürzenden Zimmerdecke erschlagen wird.

A.D. 1309

Bei der Inthronisierung des Franzosen Clemens V. herrschen unruhige Zeiten. Daher beschließt man, der Einladung durch König Philipp VI. des Schönen zu folgen und nach Avignon umzuziehen.

Papst Innozenz III. wandte seine Aufmerksamkeit von den Kreuzzügen ab – auf die Ketzer in der Nähe.

A.D. 1342–1352

Clemens VI. ließ den vorübergehenden Papstpalast in Avignon verschönern.

Mit seinem Hang zum Luxus verschönert Papst Clemens VI. den Papstsitz in Avignon. Für 80 000 Dukaten erwirbt er die ganze Stadt von der Königin von Neapel, schmückt den Papstpalast mit erlesener Kunst und sorgt dafür, dass stets Musikanten anwesend sind, um ihn zu unterhalten. Doch Clemens ist kein reiner Materialist. Den Bedenken seiner Berater zum Trotz kümmert er sich als guter Hirte um Pestkranke – der erste Ausbruch der Pest ereignet sich während seiner Amtszeit, ohne dass er sich ansteckt. Bei seinem Tod sind die päpstlichen Schatztruhen allerdings leer.

A.D. 1378

Papst Gregor XI. verlegt den Sitz der Päpste zurück nach Rom. Noch im gleichen Jahr erliegt er einem stressbedingten Leiden.

A.D. 1378–1389

Der paranoide Urban VI. lässt sechs seiner Kardinäle verhaften und foltern, weil er davon überzeugt ist, dass sie an einer Verschwörung beteiligt seien. Er stirbt nach einem Sturz vom Maultier. Zufall?

A.D. 1453

Konstantinopel fällt in die Hände marodierender Türken. Man glaubt vielfach, dies sei – wie bereits die Pest – eine göttliche Vergeltung für die Verderbtheit und Korruptkeit des Papsttums.

A.D. 1478

Papst Sixtus IV. genehmigt die Spanische Inquisition (unter Ferdinand II. und Isabella I.). Während ihrer 354-jährigen Schreckensherrschaft werden rund 150 000

Menschen als Ketzer verurteilt, bis zu 5000 von ihnen hingerichtet.

A.D. 1492–1503

Als Alexander VI. regiert Rodrigo Borgia mit nacktem Terror und gerät in Verruf wie kein anderer Papst. An den päpstlichen Höfen gehen Prostituierte ein und aus, und fast täglich geschehen ungesühnte Morde. Sein Tod durch Gift wird nicht betrauert, und die Priester im Petersdom müssen förmlich gezwungen werden, seinen Leichnam zur Bestattung anzunehmen.

A.D. 1503–1513

Als geborener Krieger legt Julius II. bereits kurz nach seiner Wahl die Rüstung an und führt seine Truppen in die Schlacht, um den despotischen Cesare Borgia (den Sohn von Alexander VI.) aus Italien zu vertreiben und ausgedehnte päpstliche Ländereien zurückzufordern. Als eifriger Kunstmäzen gab er zahlreiche Meisterwerke in Auftrag, so auch Michelangelos Deckenfresken in der Sixtinischen Kapelle. Nach Abriss der ersten Peterskirche legt Julius 1506 den Grundstein für die neue Basilika, und der Bau des den Vatikan bis heute beherrschenden Monuments begann.

Obwohl kriegerisch veranlagt, machte Julius II. zugleich als Förderer der Künste von sich reden.

A.D. 1517

Sieben Jahre nach einem ihn schockierenden Rombesuch schlägt Martin Luther seine 95 Thesen, eine beißende Kritik an der päpstlichen Verderbtheit, an die Pforte der Wittenberger Schlosskirche. Dies markiert den Beginn der Reformation und schafft die Voraussetzung für den Protestantismus.

Luther verbrennt die ihm den Bann androhende päpstliche Bulle vor dem Elstertor zu Wittenberg.

A.D. 1534

Heinrich VIII. ersucht den Papst mehrfach um Auflösung seiner Ehe mit Katharina von Aragón, um Anne Boleyn zu heiraten, doch der Papst weigert sich. Zornig, wie man ihn kennt, kappt Heinrich die Bande mit Rom, indem er die Suprematsakte erlässt, die ihn anstelle des Papstes zum Oberhaupt der Kirche von England macht – ein weiterer Schritt hin zur Reformation.

A.D. 1540

Ignatius von Loyola gründet den Jesuitenorden, um in Zeiten schwindender Autorität des Papstes dessen Wort im Ausland zu verbreiten. Dies markiert den Beginn der katholischen Gegenreformation.

A.D. 1555

Nach dem Augsburger Religionsfrieden bestimmt jeder Landesfürst über die Konfession seiner Untertanen („cuius regio, eius religio").

A.D. 1557

Der Vatikan veröffentlicht einen Index verbotener Bücher, die mehrheitlich in den Vatikanischen Geheimarchiven liegen.

A.D. 1623–1644

Nach über hundertjähriger Bautätigkeit wird der Petersdom von Urban VIII. geweiht. Der Papst beauftragt Gian Lorenzo Bernini, weite Teile der Innendekoration zu gestalten – und dafür zu sorgen, dass sich die Bienen (das Wappentier der päpstlichen Barberini-Familie) überall im Vatikan vermehren.

A.D. 1633

Galileo Galilei muss ein zweites Mal vor dem Inquisitionstribunal erscheinen, um seine Hypothese zu widerrufen, wonach sich die Erde um die Sonne dreht. Da ihm Folter und Tod drohen, widerruft er schließlich und verbringt den Rest seines Lebens unter Hausarrest.

A.D. 1769–1774

Obgleich ein standhafter Unterstützer der Jesuiten, wird Clemens XIV. in einer Zeit zum Papst, da die katholischen Staatsoberhäupter in Europa die Auflösung dieses Ordens fordern. Sie fühlen sich durch die Jesuiten bei der Kolonisierung Amerikas gestört, denn diese setzen sich als Einzige für die Rechte der Ureinwohner ein. Nach dreijährigen Verhandlungen löst Clemens den Orden 1773 schließlich doch auf, was das Papsttum erheblich schwächt und letztlich der Unterdrückung der amerikanischen Ureinwohner den Weg ebnet. Während der letzten Monate seiner Amtszeit plagen ihn Schuldgefühle wegen dieses Verrats.

A.D. 1793

Die hehren Anliegen der Französischen Revolution sehen sich durch die Terrorherrschaft konterkariert, die der Gründung der Republik Frankreich folgte. Allein 20000 Katholiken werden hingerichtet, darunter auch zahlreiche Geistliche.

A.D. 1798

Papst Pius VI. bemüht sich um freundschaftliche Beziehungen zur postrevolutionären französischen Regierung, kann aber nicht verhindern, dass napoleonische Truppen in Rom einmarschieren. Als er stirbt, halten viele das Ende des Papsttums für gekommen.

A.D. 1806

Franz II. löst das Heilige Römische Reich auf, das über 1000 Jahre Bestand hatte.

Seine Entscheidung, den Jesuitenorden aufzulösen, verfolgte Papst Clemens XIV. bis zu seinem Tod.

Pius VII. begab sich nach Fontainebleau, um Napoleon zu begegnen. Der erteilte ihm jedoch eine Abfuhr, und nicht viel später kühlte sich ihr Verhältnis noch stärker ab.

A.D. 1800–1823

Pius VII. will Napoleon 1804 zum Kaiser krönen, doch dieser setzt sich selbst die Krone auf. Die Spannung zwischen beiden gerät zum Streit. Schließlich annektiert Napoleon den Kirchenstaat, im Gegenzug exkommuniziert Pius ihn. Der Papst wird verhaftet und bleibt bis zum Sturz Napoleons im Jahr 1814 in Gefangenschaft.

A.D. 1831–1846

Gregor XVI., Zerrbild eines Konservativen, geht so weit, im Kirchenstaat keine Eisenbahnschienen zuzulassen, die er „Wege des Teufels" nennt.

A.D. 1846–1878

Als revolutionäre Kräfte den Ministerpräsidenten des Kirchenstaats ermorden und Rom erobern (1848), flieht Pius IX. nach Neapel, bevor ihn französische Truppen 1850 nach Rom zurückbringen. Um seine schwindende Macht zu festigen, beruft er das 1. Vatikanische Konzil ein (1869), das das Dogma der „päpstlichen Unfehlbarkeit" beschließt. Als die französischen Schutztruppen 1870 abziehen und der Kirchenstaat aufgelöst wird, erklärt sich Pius zum „Gefangenen im Vatikan".

A.D. 1922–1939

Pius XI., der erste Papst, dessen Worte durch Radio Vatikan verbreitet werden, sieht im Kommunismus eine größere Gefahr für die ganze Welt als in Hitlers Nationalsozialismus. Auf Anraten seines Nuntius in Deutschland, Eugenio Pacelli (des zukünftigen Pius XII.), unterzeichnet er das Reichskonkordat. Entsetzt über die Gräueltaten der Nazis, entwirft er später eine Anklage gegen den weltweiten Faschismus, doch er stirbt nur wenige Stunden vor der Rede, und das Manuskript verschwindet auf seltsame Weise. Rasch kommt das Gerücht auf, er sei von profaschistischen Kräften innerhalb des Vatikans ermordet worden (oder gar vom Vater der Geliebten Mussolinis).

A.D. 1939–1958

Die Beziehung von Pius XII. zu seiner Haushälterin („Mutter Pasqualina") ist Stoff für mehr als nur ein paar schmierige Gerüchte, wenngleich sein Verhältnis zu Nazideutschland seinem Ruf am meisten schadet. In seiner Zeit als Nuntius in Deutschland unterhält er gute Kontakte zu Hitler, tut wenig gegen die zunehmende Aggressivität der Nazis und sieht schließlich untätig zu, wie römische Juden von der SS zusammengetrieben werden. Sein Tod wird durch eine verpfuschte, die Verwesung noch beschleunigende Einbalsamierung überschattet.

A.D. 1968

Der Vatikan gibt bekannt, dass es sich bei den unter dem Hochaltar der Peterskirche entdeckten Knochen tatsächlich um die sterblichen Überreste des Apostels Petrus handelt.

A.D. 1929

Die Lateranverträge verleihen dem Heiligen Stuhl die staatliche Souveränität über die Vatikanstadt, eine absolute Wahlmonarchie. Der Vatikan ist die weltweit kleinste unabhängige Nation.

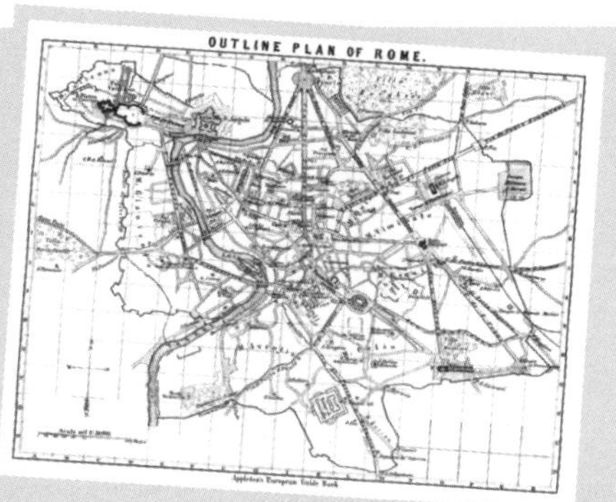

A.D. 1978

Nachdem er die Inauguration mit einer feierlichen Freiluftmesse an die Stelle der traditionellen Krönungszeremonie gesetzt hat, stirbt Papst Johannes Paul I. nach einer Amtszeit von nur 33 Tagen. Es gibt Gerüchte über einen unnatürlichen Tod.

A.D. 1978–2005

Es sind nicht die poetischen oder schauspielerischen Neigungen, sondern seine Freude an der frischen Luft, die den athletisch wirkenden Johannes Paul II. bei Traditionalisten unbeliebt machen. 1981 überlebt er ein Attentat auf dem Petersplatz nur knapp, wird sein Wirken aber noch mehr als zwei Jahrzehnte fortsetzen können, bevor er schließlich 2005 einer langjährigen Krankheit erliegt. Sein Tod ruft weltweit große Trauer hervor.

A.D. 2005

Die Wahl von Joseph Kardinal Ratzinger, der als Papst den Namen Benedikt XVI. annimmt, veranlasst Insider zu der Sorge, dass eine neue Ära des katholischen Konservatismus einsetzen könne. In seinem vorherigen Amt als Präfekt der Glaubenskongregation bildete er gleichsam einen Gegenpol zu dem gütigen Papsttum in der Person von Johannes Paul II., indem er gegen Homosexualität, Geburtenregelung und verschiedene liberale Bewegungen zu Felde zog und sogar ein umstrittenes Schreiben verfasste, das den Feminismus für die praktische Gleichstellung von Homosexualität und Heterosexualität verurteilte. Doch es sollte anders kommen: Benedikt erscheint weit leutseliger und zugänglicher als erwartet und lässt sich sogar in einem offenen Papamobil kutschieren, um den Menschen näher zu sein. Seine Erlasse scheinen von einer ähnlichen Aufgeschlossenheit zu künden, wenngleich es immer wieder Anklänge an einen zugrunde liegenden Erzkonservatismus geben mag – wie anhand eines publik gewordenen Briefs aus dem Jahr 2001 ersichtlich ist, in dem er allen Mitgliedern der Katholischen Kirche unter Androhung der Exkommunizierung verbietet, öffentlich über den kircheninternen Pädophilie-Skandal zu sprechen. Die in muslimischen Kreisen als islamfeindlich gewerteten, jedoch aus dem Zusammenhang gerissenen Zitate aus Benedikts „Regensburger Rede" haben zunächst für einige Aufregung gesorgt. Doch der Papst ist intelligent und – obwohl er 2007 seinen 80. Geburtstag feiern konnte – lernfähig genug, um solche Fußangeln künftig zu meiden.

Papst Benedikt XVI. (seit 2005) hat seine neue Rolle offen und demütig angenommen, wenngleich es schon manche Kontroverse zu meistern galt.

Quellen

Erstes Kapitel

Allen, John L.: *All The Pope's Men: The Inside Story Of How The Vatican Really Thinks*, 2004

Castle, Tony und McGrath, Peter: *On This Rock, The Popes And Their Times: St Peter to John Paul II*, 2002

Wilson, A.N.: *Der geteilte Jesus. Gotteskind oder Menschensohn*, 1993

Zweites Kapitel

Bello, Nino Lo: *The Incredible Book Of Vatican Facts And Papal Curiosities*, 1998

Hanley, Anne (Hg.): *Time Out Guides: Rome*, 2005

Drittes Kapitel

Hoffman, Paul: *Anatomy Of The Vatican: An Irreverent View Of The Holy See*, 1984

McDowell, Bart: *Der Vatikan. Ein Porträt des Kirchenstaates* (ohne Jahr)

Reese, Thomas J.: *Im Inneren des Vatikan. Politik und Organisation der Katholischen Kirche*, 2000

Viertes Kapitel

Cornwell, John: *Wie ein Dieb in der Nacht. Der Tod von Johannes Paul I.*, 1991

Cornwell, Rupert: *God's Banker: The Life And Death Of Roberto Calvi*, 1984

Follain, John: *City Of Secrets: The Startling Truth Behind The Vatican Murders*, 2003

Williams, Paul L.: *The Vatican Exposed: Money, Murder And The Mafia*, 2003

Yallop, David A.: *Im Namen Gottes? Der mysteriöse Tod des 33-Tage-Papstes Johannes Paul I.*, 2001

Fünftes Kapitel

Allen, John L.: *Opus Dei. Mythos und Realität – Ein Blick hinter die Kulissen*, 2006

Ambrosini, Luisa: *Die geheimen Archive des Vatikan*, 1982

Baigent, Michael, Leigh, Richard und Lincoln, Henry: *Der heilige Gral und seine Erben*, 2004 (auch als Hörbuch)

Cornwell, John: *Pius XII. Der Papst, der geschwiegen hat*, 2001

Escrivá de Balaguer y Albas, Josemaria: *Der Weg*, 1982

außerdem:

Baigent, Michael: *Die Gottes-Macher*, 2006

Baigent, Michael und Richard Leigh: *Verschlusssache Jesus. Die Wahrheit über das frühe Christentum*, 2006

Denzler, Georg: *Der Vatikan. Geschichte – Kunst – Bedeutung*, 2007

Escrivá de Balaguer y Albas, Josemaria: *Das übernatürliche Ziel der Kirche. Der Christ und die Achtung der Person und ihrer Freiheit*, 1975

Godman, Peter: *Der Vatikan und Hitler. Die geheimen Archive*, 2005

Karsten, Anne: *Kardinäle, Künstler, Kurtisanen. Wahre Geschichten aus dem päpstlichen Rom*, 2004

Kramer von Reisswitz, Christa: *Die Papstmacher. Die Kardinäle und das Konklave*, 2003

Krieg, Paul M.: *Die Schweizergarde in Rom 1506–2006*, 2006

von Roques, Valeska: *Mord im Vatikan. Ermittlungen gegen die katholische Kirche*, 2005

Bildnachweis Corbis: Seite 7, 19, 24, 26, 28, 40, 45, 46–47, 52, 53, 55, 56, 64, 67, 69, 73, 96, 99, 103, 105, 111, 113, 115, 120, 123, 148, 151, 152, 155, 161, 163, 165, 167, 168, 169, 174, 176–177, 191. Istock.com: Seite 9, 21, 30, 32, 35, 36, 43, 48, 51, 58, 60, 61, 71, 77, 78–79, 81, 117, 149. Mary Evans: Seite 85, 107. Rex Features: Seite 108. Alle übrigen: Clipart.com und Photos.com